MELHORES
POEMAS

Cassiano Ricardo

Direção
EDLA VAN STEEN

MELHORES
POEMAS

Cassiano Ricardo

Seleção
LUIZA FRANCO MOREIRA

© Célia Cecília Ricardo Gianesella; Laura de Podesta; Brasil
Gomide Ricardo Filho, 2000

1ª EDIÇÃO, SÃO PAULO, 2003
1ª REIMPRESSÃO, SÃO PAULO, 2008

Diretor Editorial
JEFFERSON L. ALVES

Assistente Editorial
RODNEI WILLIAM EUGÊNIO

Gerente de Produção
FLÁVIO SAMUEL

Revisão
JANE CRISTINA MATHIAS CANTU
SANDRA LIA FARAH

Projeto de Capa
VICTOR BURTON

Editoração Eletrônica
ANTONIO SILVIO LOPES

Dados Internacionais de Catalogação na Publicação (CIP)
(Câmara Brasileira do Livro, SP, Brasil)

Ricardo, Cassiano, 1895-1974.
  Melhores poemas / Cassiano Ricardo ; seleção Luiza Franco Moreira. – São Paulo : Global, 2003. – (Coleção melhores poemas)

  Bibliografia.
  ISBN 85-260-0792-0

  1. Poesia brasileira I. Moreira, Luiza Franco. II. Título. III. Série.

02-6492   CDD–869.91

Índice para catálogo sistemático:

1. Poesia : Literatura brasileira   869.91

Direitos Reservados

 GLOBAL EDITORA E DISTRIBUIDORA LTDA.

Rua Pirapitingüi, 111 – Liberdade
CEP 01508-020 – São Paulo – SP
Tel.: (11) 3277-7999 – Fax: (11) 3277-8141
E.mail: global@globaleditora.com.br
www.globaleditora.com.br

 Colabore com a produção científica e cultural.
Proibida a reprodução total ou parcial desta obra
sem a autorização do editor.

Nº DE CATÁLOGO: **2246**

Luiza Franco Moreira é professora de Literatura Comparada na Universidade Estadual de Nova York, em Binghamton, e recebeu o grau de doutora na mesma disciplina pela Universidade de Cornell. É autora de *Meninos, Poetas & Heróis* (Edusp, 2001), um estudo da poesia, prosa e jornalismo de Cassiano Ricardo entre o final dos anos 20 e o início dos 40, e *Mulheres de Branco: Realismo e Ironia em The Great Gatsby de F. Scott Fitzgerald* (Edusp, 1992). Tem publicado artigos sobre poesia moderna tanto em revistas acadêmicas como na imprensa. Poeta e tradutora, contribui também para revistas literárias, e há pouco lançou seu primeiro volume de poesia, *O Exagero do Sol* (Sette Letras, 2001).

SURPRESAS DE UM POETA

Os poemas reunidos neste livro, em sua maior parte, estão há muito fora do prelo. Por isso, esta antologia permite ao público retomar contato com o trabalho de Cassiano Ricardo (1895-1974), poeta que exige muito do leitor, mas ao mesmo tempo proporciona recompensas inesperadas.

Os melhores momentos de sua poesia são notáveis pelo bom humor e a espontaneidade. Um texto bem conhecido ilustra este ponto:

SERENATA SINTÉTICA

Rua
torta.

Lua
morta.

Tua
porta.

Este poema breve, simples, mas de construção complexa, lida com uma história bem convencional: o poeta busca a amada e encontra uma porta, que talvez esteja aberta, talvez não. Cassiano tira partido da técnica da poesia justamente para enfatizar a banalidade deste tema. O bom humor transparece já na escolha de versos de uma sílaba só (que o *Tratado de Versificação* de Bilac chama de "capricho"). As rimas também chamam atenção para a simplicidade da cena: todas as palavras rimam, e todas as rimas são óbvias. O paralelismo sintático exagerado contribui, por sua vez, para criar um tom de comédia. Metro, rima e sintaxe combinam-se para evocar uma situação corriqueira, mas ao mesmo tempo – e isto é o principal – mostram, enfaticamente, como é fácil reconhecê-la. Vem desta dramatização bem-humorada da trivialidade o encanto do poema.

O título "Serenata Sintética" é decisivo para que a banalidade apareça como tema, sem que o texto se esgote nela. A referência paródica à *Sonata Patética*[1] de Beethoven pressupõe um universo cultural sofisticado, ao mesmo tempo que lhe diminui a autoridade drasticamente, criando um efeito de humor próximo do cultivado pela Antropofagia. As três estrofes do poema são uma redução mais do que imprópria da forma sonata. Há vários outros contrastes marcantes entre poema e título. Enquanto o poema mantém-se num registro cotidiano, o título tem um vocabulário mais refinado; enquanto este se vale apenas de palavras curtas, aquele prefere as longas. No interior dos contrastes, algumas semelhanças conservam-se. Mesmo que ambos insis-

---

1. Sonata nº 8, Op. 13, de Beethoven, a que o compositor deu o título, em francês, de *Grande sonate pathétique*.

tam em aliterações e assonâncias, o título e o poema trabalham vogais e consoantes de sonoridade bem diferente, sugerindo suavidade num caso e, no outro, dureza. Ao escandi-los, verificamos ainda que o título tem o mesmo número de sílabas métricas que o poema como um todo, criando um desequilíbrio que, de novo, tem muito de cômico. Este jogo de contrastes e semelhanças ao mesmo tempo dá relevo às diferenças e aponta para uma unidade subjacente aos dois termos. À medida que estabelece uma perspectiva mais ampla para a cena corriqueira, o título abre caminho para que o texto eleve-se além daquilo que retrata.

Cassiano arriscou-se bastante neste poema. Um pouco menos de sorte, tato, ou arte e o texto poderia ter resvalado para a simples descrição de emoções fáceis. É necessário acrescentar que o poeta nem sempre foi feliz ao lidar com temas, como este, traiçoeiros. A mesma naturalidade que faz o encanto de "Serenata Sintética", em outro poema da mesma época, "Relógio", desemboca apenas em um lugar comum: "Desde o instante em que se nasce/ já se começa a morrer." Estes desníveis de qualidade literária persistem por toda a obra de Cassiano. Chamo atenção para eles, aqui, porque é preciso reconhecer que sua poesia já recebeu críticas severas, e que, em parte, são procedentes. Entretanto, como o comentário de "Serenata Sintética" demonstra, os melhores momentos de sua poesia merecem, e recompensam, uma leitura mais detida.

Esta antologia propõe-se a recolher os pontos altos de sua obra poética. Nas páginas que seguem, desenha-se o perfil de um poeta que imita a fala brasileira com sucesso e carinho transparente, e que mostra, ainda, talento considerável para manipular os recursos do verso.

(Estes traços, vale a pena anotar, aparecem também nos livros compostos antes da influência do Modernismo.)

Também encontramos aqui um conjunto bem delimitado de temas e figuras, que se ligam uns aos outros e se ajustam à linguagem singela do poeta: o menino; a vida, especialmente a infância, no campo; os passarinhos; a paisagem dos trópicos, apresentada por imagens visuais fortes e em versos de sonoridade exuberante; a amada, em geral cabocla, mulata, ou negra; os humildes; a cidade grande e seus cansaços; a manhã, tanto esperança como dificuldade e desilusão; o consolo da religião; e por fim o Brasil, tema que engloba a maior parte dos outros.

Em um dos primeiros livros de Cassiano, *A Frauta de Pã* (1917), já encontramos a paisagem brasileira descrita com exuberância:

> Na manhã tropical, borrifada de orvalho
> e manchada de terra, ou nestes coloridos
> caminhos que percorro a pé, sem agasalho,
> parece que inauguro os meus cinco sentidos!

Em "Luxo de Peixe", poema incluído em *Os Sobreviventes* (1971), último livro de Cassiano, discernimos um tom semelhante de entusiasmo:

> Nunca tanto sol
> (de escama)
> que saltou da pauta
> ou da flauta.
>
> Nunca tanto salmão.
> Nunca tanto sol
> na mão.
> Nunca um mar tão
> irmão

> Nunca tanto xaréu,
> hipocampo, pampo,
> enxameando, piscando
> na xilogravura
> da rede.
>
> (Por
> São Peixe Cristo)

Neste último poema o encanto com os trópicos ganha maior complexidade e ressonância, como é de esperar em um trabalho mais maduro. Por meio da anáfora — "Nunca tanto" — Cassiano sugere que as dádivas generosas da natureza são raras e podem causar surpresa. A felicidade um pouco ansiosa do poeta aparece no contexto de uma antiga tradição por meio da referência a Cristo, que liga o poema ao milagre da multiplicação dos peixes narrado nos evangelhos (*São Mateus*, 14, 13-21; *São Marcos*, 6, 31-44 e 8, 1-9; *São Lucas*, 9, 10-17; *São João*, 6, 1-14). Um exemplo mais bastará para indicar a coerência do mundo evocado pela poesia de Cassiano. No conhecido poema *Martim Cererê*, a figura de um menino serve como alegoria para o Brasil e ainda como uma das chaves estruturais do texto. No decorrer de sua obra, Cassiano retorna constantemente ao tema da infância e suas imagens. "O Elefante que Fugiu do Circo" (1950), dirige nossa a atenção para as crianças acompanhando na rua o animal. Essas aparecem como "pequenos anjos falsos" em "Festa no Morro" (*Montanha Russa*, 1960), um poema que por sinal lembra bastante "Filhos de Posseiros", de Elizabeth Bishop. Em *Jeremias Sem-Chorar* (1964), de novo o menino é uma figura central da narrativa.

Um dos aspectos mais interessantes desta poesia é seu lado desagradável. No poema "Troféu", um auto-exame amargo se encerra em uma imagem de mau gosto surpreendente, mas, no contexto, muito engraçada. As amadas em geral ocupam uma posição inferior à do poeta, que não hesita em insultá-las:

No país do excessivo, és muito pouca.

Em outras ocasiões, quem sofre a dor do insulto é o próprio poeta. Vale a pena lembrar estes versos de "Epitáfio":

Palavra
que lavra e escalavra.

Emoções inconfessáveis como estas, e outras ainda – o ressentimento, a vergonha, a humilhação – fornecem matéria para alguns dos poemas mais eloqüentes de Cassiano. Essas escolhas temáticas exigem um leitor disposto a percorrer o lado escuro e mesquinho do coração. Não é essa, entretanto, a maior dificuldade que os temas de sua poesia lançam para o leitor contemporâneo. Tais problemas mostram-se especialmente agudos no que diz respeito a *Martim Cererê*, o livro mais conhecido de Cassiano, que é sempre citado em histórias do Modernismo brasileiro e já chegou à vigésima edição. Nesse poema, Cassiano constrói uma imagem hierárquica da nacionalidade em que se reconhecem marcas fundas de uma ideologia corporativista. Mais ainda, essa sua imagem do Brasil circulou como parte do discurso oficial do Estado Novo, em artigos de opinião que Cassiano assinava para *A Manhã*, jornal diário dirigido pelo próprio escritor e que era parte do aparato governamental. Para ler, hoje, *Martim Cererê* é necessário enfrentar diretamente os problemas que sua ideologia e seu passado nos propõem. Seria uma abstração grotesca ler o texto sem levar em conta seu tema. Seria uma enorme irresponsabilidade tratar desse tema em particular sem levá-lo a sério, ou desconhecendo as suas ramificações políticas e históricas. Por isso, *Martim Cererê* exige do leitor contemporâneo um esforço paciente de reconstrução e crítica. É um poema fatal para o leitor ingênuo.

Apesar de indispensável, esse trabalho de reflexão não é suficiente. *Martim Cererê*, em seus melhores momentos, tem muito a oferecer além de sua matéria ideológica. É o caso de "Café Expresso". Este poema elabora um contraponto entre o presente urbano do "eu" poético e a memória de sua infância no campo, aludindo com irreverência e graça a um motivo proustiano: traduzida em termos de São Paulo, a *madeleine* se converte em uma xícara de café. No vaivém das estrofes entre cotidiano e lembrança, as perspectivas do menino e do adulto se iluminam uma à outra, ganhando em profundidade. O resultado é um texto simples, mas rico de associações, que merece ser recolhido em antologias, como de fato tem sido.

Não só neste poema, mas no conjunto do livro, *Martim Cererê* trabalha com a disparidade entre criança e homem, explorando esse contraste em vários níveis da composição poética: por meio da construção das estrofes, como no poema já discutido, mas também pelo tom, pelo estilo, ou pelas imagens. Apenas um percurso pelo nível temático do texto permite-nos compreender por que essa perspectiva dupla desempenha uma função central na estruturação de *Martim Cererê*. Como já tive oportunidade de demonstrar, menino e homem são, ambos, figuras para o Brasil, mutuamente exclusivas e necessárias uma à outra. Essa imagem dupla encontra-se no cerne do poema e lhe aflora constantemente à superfície, à medida que os vários textos de *Martim Cererê* buscam elaborar maneiras próprias de lidar com suas complexidades e sutilezas. O problema formal da relação entre criança e adulto, para o qual o livro de Cassiano encontra sempre novas soluções, expressa no nível da estrutura poética as dificuldades políticas e teóricas do nacionalismo hierárquico. Por esse motivo, no caso de *Martim Cererê*, a tentativa de isolar o propriamente poético da mera ideologia conduz o leitor a uma posição insustentável e bem pouco produtiva. Se deixamos de lado o exame da ideologia de *Martim Cererê* – com todo o esforço de pesquisa e crítica que essa tarefa acarreta – deixamos de lado, ao mesmo tempo, a possibilidade de sequer começar a compreender a construção do poema.[2]

É freqüente, mesmo, que os melhores poemas de *Martim Cererê* sejam também os mais saturados de uma ideologia que hoje parece, ao menos, desacreditada. Como ilustração, vale mencionar "Lua Cheia", outro texto que costuma ser selecionado para coletâneas de poesia. Este noturno breve e delicado descreve o luar por meio de uma série de transformações figurativas, paradoxalmente atravessadas por subentendidos eróticos e sugestões de violência. Reencontramos aqui as tensões entre menino e adulto que são características de *Martim Cererê* como um todo. Neste exemplo, a super-

---

2. Este parágrafo resume a argumentação de *Meninos Poetas e Heróis* (trabalho de minha autoria). São Paulo: Edusp, 2001.

posição ambígua das duas perspectivas resulta no clima de imprecisão onírica que torna memorável o poema. O texto, que de início parece apresentar o luar como leite materno, logo altera ligeiramente a metáfora. Assim, quando lemos que "mãos de treva" levam o luar "para não sei quem beber", duas novas figuras esboçam-se no pano de fundo do texto: a de um homem adulto, para quem a noite tem algo de erótico, e a de um corpo, negro, de mulher. Este poema trabalha, portanto, com uma imagem da mulher negra convencional e, ainda, fortemente marcada pelo preconceito. Ao mesmo tempo, porém, o próprio texto faz-nos vislumbrar algo da violência que constitui essa figura, por meio da metonímia que nos oferece à vista, em lugar do corpo inteiro, algumas partes, e principalmente um seio, enorme e avulso. Como num pesadelo.[3]

Esses comentários a "Café Expresso" e "Lua Cheia" ilustram o papel de uma discussão da camada ideológica na leitura de *Martim Cererê*, e por essa via sugerem um ponto de vista para abordar a obra poética de Cassiano Ricardo como um todo. Por meio de um trabalho paciente de crítica e reconstrução histórica, conquistamos uma posição que nos permite encarar diretamente a ideologia nacionalista e corporativista que está entranhada em *Martim Cererê*, sem atenuá-la, mas ao mesmo tempo recuperando seu papel como elemento chave do jogo poético. Uma vez que *Martim Cererê* é o mais conhecido de seus poemas, e o único que está no prelo desde a primeira edição, um exame detido do texto e de suas complexas repercussões corresponde ao

---

3. No artigo "A Lua e o Domador", exponho com mais vagar a leitura deste poema. In: *Literatura e Sociedade*, n. 4, 1999. p. 39-47.

primeiro passo indispensável para uma retomada de interesse na poesia de Cassiano Ricardo. Com esta antologia, o mesmo trabalho prossegue em uma direção mais gratificadora. Esta coletânea convida o leitor a percorrer por conta própria a poesia de Cassiano Ricardo, sem ingenuidade, mas ao mesmo tempo sem injustiças na avaliação literária. É possível, proponho, recuperar o prazer difícil que esta poesia pode nos oferecer. A obra poética de Cassiano Ricardo tem muito a nos dizer, até a respeito da ideologia de que está permeada. Quando bem-sucedidos, os poemas de Cassiano não se esgotam no uso de figurações ideológicas. Põem à mostra, antes, os limites e contradições de tais imagens, deixando transparecer algo da violência que as constitui e que em geral permanece oculta. Em momentos como esse, a poesia de Cassiano tem a força de uma iluminação. Quanto menos bem-vindas as descobertas que nos proporciona, mais atenção merecem.

* * *

Neste volume estão reunidos poemas escritos ao longo dos 55 anos em que se desenrolou a atividade de Cassiano Ricardo, desde 1915, quando é publicado *Dentro da Noite*, até 1971, ano em que aparece *Os Sobreviventes*. Muito mudou na poesia brasileira durante esses anos, e a obra de Cassiano acompanha as mudanças. Conforme a crítica costuma apontar, nos livros iniciais nota-se a influência do Parnasianismo, enquanto os livros da década de 20, e especialmente *Martim Cererê*, deixam transparecer o impacto do Modernismo. Há uma mudança de inflexão em sua obra a partir de *Um Dia depois do Outro* (1947). A exuberância inicial cede lugar a uma atitude mais pausada e triste, elogiada por Manuel Bandeira na *Apresentação da Poesia Brasileira* como uma renovação lírica. (Datam dessa época vários poemas eloqüentes sobre a desilusão e as emoções indignas.) Entre os poetas da geração de 45, Cassiano tem afinidades com Péricles Eugênio da Silva Ramos, a quem dedica alguns poemas, e que lhe dedica um ensaio crítico interessante (recolhido no volume da coleção Fortuna Crítica). Nos anos sessenta, o poeta aproxima-se das vanguardas. Realiza experiências com a poesia concreta, da qual resultam os poemas "Translação" e "Gagarin", incluídos em *Jeremias Sem-Chorar* (1964). No mesmo livro, renuncia ao uso do verso, e busca desenvolver uma nova forma poética, a que chama "linossigno". Um pouco mais tarde, Cassiano afasta-se dos concretos e passa a apoiar a Poesia-Práxis de Mario Chamie. Essa trajetória variada mostra no poeta um desejo constante de se manter aberto a novas correntes, mas também sugere, por outro lado, que Cassiano não chegou a marcar rumo para o desenvolvimento da poesia no Brasil.

    O objetivo de reapresentar ao público a sua poesia determina o formato desta antologia. Os poemas estão incluídos sob o título do livro de que fazem parte originalmente, e estes vêm organizados na ordem cronológica de sua publicação. O leitor poderá, assim, acompanhar diretamente o desenvolvimento de Cassiano como poeta.

    Para os poemas de *Martim Cererê*, o texto utilizado é o da excelente edição crítica assinada por Marlene Gomes Mendes, Deila Conceição Pires e Jayro José Xavier. Com a exceção do livro acima, no período que vai de *Dentro da Noite* (1915) a *Arranha-céu de Vidro* (1954), a antologia adota o texto da edição de 1957 de *Poesias Completas*, organizada pelo próprio Cassiano. Os livros do poeta publicados após 1957, *Montanha Russa* (1960), *A Difícil Manhã* (1960), *Jeremias Sem-Chorar* (1964) e *Os Sobreviventes* (1971) foram consultados individualmente. Quanto à edição de *Poesias Completas*, cabe esclarecer que este volume de mais de 600 páginas já representa uma seleção da poesia publicada por Cassiano até a época. Por exemplo, o poema *Eu no Barco de Ulisses* é a única das dez partes de *João Torto e a Fábula* (1956) incluída em *Poesias Completas*. É preciso anotar, ainda, que em algumas ocasiões o poeta publicou versões distintas de um mesmo poema em livros diferentes. "Serenata Sintética" é um exemplo: na edição de 57 das *Poesias Completas*, este poema é incluído em *Um Dia Depois do Outro*, mas aparece revisto e com um título ligeiramente diferente em *A Difícil Manhã* (1960). (Como este é um poema célebre, a antologia recolhe as duas versões.) Essas variações nos poemas de Cassiano e mesmo nos títulos de seus livros podem ser desnorteantes. Por esse motivo, a bibliografia inclui algumas anotações.

Por fim, é preciso assinalar que alguns volumes de poesia de Cassiano Ricardo foram compostos como uma seqüência narrativa, aproximando-se também à poesia dramática. É o caso de *Martim Cererê*, e ainda de *João Torto e a Fábula*, *Montanha Russa*, *Jeremias Sem-Chorar*, e *Os Sobreviventes*. Nesses casos, o poeta sublinha que está se valendo de *dramatis personae*, compõe um resumo do argumento, incluído antes, durante ou depois dos poemas, ou ainda acrescenta notas a seu próprio texto. Esta antologia inclui textos individuais dos livros narrativos, sem tentar resumir a história que lhes serve de contexto na edição original. Segue, neste ponto, o precedente das outras antologias de Cassiano Ricardo; ao mesmo tempo, parece-me que um conhecimento da narrativa pouco acrescenta à leitura dos poemas (e talvez até lhes dilua o impacto). Seja como for, em algumas ocasiões o próprio Cassiano Ricardo deixa de lado os resumos de argumento ao recolher numa coletânea textos retirados das seqüências narrativas. Como exemplo, vale mencionar outra vez *João Torto e a Fábula*. Na edição original, este livro apresentava a narrativa com um "Prefácio Desnecessário"; na edição de 1957 das *Poesias Completas* este já não foi incluído.

POEMAS

DENTRO DA NOITE

IARA, A MULHER VERDE

Neste país de coisas em excesso
o sol me agride, o azul passa da conta.
No entanto, os poucos beijos que te peço
o teu amor futuro me desconta.

De tanto céu tenho a cabeça tonta.
O meu jornal é todo em verde impresso.
Só tu, a quem já um pássaro amedronta,
te fechas no mais íntimo recesso...

No país do excessivo, és muito pouca.
Vê a borboleta jovem, como esvoaça.
Vê como nos convida a manhã louca!

Por que seres assim, se tudo é assombro,
se a própria nuvem branca — e com que graça —
só falta vir pousar em nosso ombro?

A FRAUTA DE PÃ

ELEGIA RÚSTICA

Nasci para viver no mato: o chão da selva
todo se enrelva de um tapete luxuriante!
A folhagem, que baila em cima, a cada instante,
é uma pelúcia toda verde que descobre
os ombros senhoriais da floresta arrogante.

Acordo. Pelos vãos da choça, a alva derrama,
como em fitas de cor, seus cabelos de chama.
Rodopiando no vento o arvoredo frufrulha
vendo-se, pelos vãos, a montanha cerúlea
onde o sol escorreu, em laivos de ouro e cobre.

Na manhã tropical, borrifada de orvalho
e manchada de terra, ou nestes coloridos
caminhos que percorro a pé, sem agasalho,
parece que inauguro os meus cinco sentidos!

Há uma flor que me diz bom-dia em cada galho.
Ah! devo descender de algum Anacreonte
anônimo, de pés no chão, sapatos rotos,
que se nutriu de mel lírico e gafanhotos,
frutos tintos de sol, água pura de fonte,
satisfeito com o seu pequenino horizonte.

Não sei o que mais ame: água, frutos ou pássaros.
E, então, digo ao meu eco: Ó Deus, ó estrela, ó vento,
eu vim buscar, aqui, um pouco de silêncio
para ver se ainda curo as feridas enormes
que a angústia de pensar me abriu no pensamento.

E quando a noite vem, numerosa, selvagem,
a minha alma descansa em seus beijos eólios;
e pelos vãos da choça, através da folhagem,
são as estrelas a inocência dos meus olhos.

Não sei o que mais ame: água, frutos ou pássaros.

VAMOS CAÇAR PAPAGAIOS

MANHÃ DE CAÇA

Mal entrava eu no mato
era um delírio. Os papagaios
se reuniam em bando, protestando.
Como em verde comício.

Por que tanto barulho? eu indagava
de mim mesmo, da minha malvadez.
Como se não soubesse
que era justo o protesto
dos papagaios ásperos, verde-gaios.

Araras, canindés, maitacas
mais ensurdecedoras que matracas,
reunidas em bando,
também gritavam, me acusando.

Mas por que tanto horror? por que, de súbito,
tanto medo insensato?

Como se eu não soubesse,
com absoluta certeza, que era o mato
contra a minha maueza.

Maracanãs, tiribas, periquitos,
que eram asas aos gritos,

papagaios, enfim, de vários nomes
e de vária plumagem,
que eram os donos do país selvagem
e confuso,
lavravam seu protesto contra o intruso,
gritando, gritando.

Um morro de cabelo verde pixaim
começava a pensar.
Se encolhia a pensar numa coisa sem fim.

Por que pensar assim?

Como se eu não soubesse dos motivos
de tanta garra, de tanta algazarra.

Conferenciavam, graves, os tucanos.
Saltavam rãs e gafanhotos,
junto a meus pés, a meus sapatos rotos.
O caapora acendia o fogo do cachimbo.
A mãe-d'água — se é que a mãe-d'água existe —
saltava como louca, a face oculta
em seu cabelo verde — se é verdade
que o seu cabelo é verde.

Como se eu não soubesse que no mato
tudo é cabelo verde, é susto, é graça,
é surpresa, é protesto
(quando não é a solidão selvagem).

Mas por que tanta atoarda?

E eu apontava o cano da espingarda
e bumba! um papagaio verde-gaio
caía ao solo e os outros, com assombro,
se reuniam em bando, gritando.
Uma chuva de garras e de bicos
despencava do céu sobre o meu ombro.

Os ecos proferiam, pelas grotas,
outros protestos, como se a distância
também caísse ao chão, de bruços,
com a boca cheia de soluços!

Mas pra quê tanto medo?

E — último eco — uma voz, enroscada
num cipoal em flor, numa barba-de-bode,
ficava protestando:
não pode!

não pode!

O CANTO DA JURITI

Eu ia andando pelo caminho
em pleno sertão, o cafezal tinha ficado lá longe...
Foi quando escuitei o seu canto
que me pareceu o soluço sem fim da distância...
A ânsia de tudo o que é longo como as palmeiras.
A saudade de tudo o que é comprido como os rios...
O lamento de tudo o que é roxo como a tarde...
O choro de tudo o que fica chorando por estar
[longe... bem longe.

DEIXA ESTAR, JACARÉ

Jacaré da lagoa
você nunca esteve triste.
Você tem tudo quanto quer.
Tem água boa, é dono da lagoa.
Vai ao cinema ver a lua tomar banho
quando a lua parece, de tão nua,
um corpo branco de mulher.

Você cresceu e as lagartixas e os lagartos verdolengos
[não cresceram...
Viraram bichos de jardim.

Só você, jacaré,
foi que cresceu assim!

Mas olhe, escute uma coisa:
quando a felicidade é assim tão louca
que chega a passar da conta,
a gente deve desconfiar.

Deixa estar, jacaré...
A lagoa há de secar.

A ONÇA-PRETA

Ó minha noite selvagem
de pêlo bárbaro e macio!

Ó minha onça-preta
que vais pelo vão da ramagem
beber a água do rio caassununga
onde o vento resmunga...

Ó minha onça-preta
toda mosqueada de pirilampos!

Quando apareces pelo mato
pra beber água no rio
todas as árvores tremem de medo...
Todos os homens tremem de frio.

Ó minha noite selvagem
toda mosqueada de pirilampos!

MARTIM-CERERÊ

RELÂMPAGO

A onça pintada saltou tronco acima que nem um
[relâmpago de rabo comprido e cabeça amarela:
zás!
Mas uma flecha ainda mais rápida que o relâmpago
[fez rolar ali mesmo
aquele matinal gatão elétrico e bigodudo
que ficou estendido no chão feito um fruto de cor que
[tivesse caído de uma árvore!

A PRIMEIRA PERGUNTA

O monstro marinho
que se mexia, subindo e descendo,
dentro do anil redondo d'água,
desenrolou os seus músculos de ondas na praia.
E o marinheiro
que atravessara o Mar da Noite
saltou dos ombros dele
na manhã verde clara:

— faça o favor, é aqui que mora Dona Uiara?

LUA CHEIA

Boião de leite
que a noite leva
com mãos de treva
pra não sei quem beber.

E que, embora levado
muito devagarzinho,
vai derramando pingos brancos
pelo caminho...

O GIGANTE Nº 6

1
"Ó filhos do mato, ó selvagens
coroados de penas verdes!
Eu sou o filho do fogo!
Sou dono de todas as luzes,
 do céu e da Terra,
 citatás e boitatás:
Neste sertão de Goiás,
apago a Lua quando quero
e acendo o Sol quando me apraz.
Quando passo, o chão faísca.
Quando espirro, o céu corisca.
Quando a noite é muito escura,
com o dom que a sorte me deu
quem acende os pirilampos,
quem borrifa o céu de estrelas,
 sou eu!

"A forja das madrugadas
é a palma da minha mão;
sou eu quem governa o trovão...
sou eu, entre rosa e breu,
quem abre a porta do dia;
quem passa de noite ao longe
montando o cavalo do vento
chicoteado de relâmpagos
 sou eu!

"Não me quereis indicar
o ouro que o chão revelou.
Pois bem, pra melhor saberdes
o quanto valho, o quanto sou
feroz,
vou atear fogo no mundo,
e assim vivos, e assim nus,
sereis queimados, todos vós,
com arcos e penas verdes
e tudo
na rubra fogueira
veloz!

2
"A própria água dos rios
pegará fogo!
e em vez destes rios d'água
rios de fogo
entrarão pela floresta
como fantásticos boitatás.
E todos os bichos
serão arrancados das tocas
pela chama voraz.
E quando todas as tribos
em debandada

correrem de susto ou medo
procurando o degredo
da Serra Dourada
rios de fogo correrão
atrás!

Eu sou um deus automático
que tudo faz e desfaz:

Tenho a Lua no olho esquerdo;
tenho o Sol no olho direito.
Apago a Lua quando quero,
acendo o Sol quando me apraz!"

3
E assim falando, loquaz,
o bruxo, calção de couro,
era um novo Dom Quixote
dentro do mundo primitivo.
Ferozmente discursivo
faz trazer um balde de álcool
à sua presença, e zás!

O incêndio de rabo vermelho
se levanta do chão, em grifo,
e acendeu — lance do jogo —
nos olhos da bugrada
um clarão de madrugada.
Diante do incrível, do absurdo,
e na certeza de que todos
os rios, no sertão surdo,
virassem rios de fogo
(por parte de um deus saltimbanco,
um olho sol, outro lua)
pajés, cunhãs e guerreiros,
jogam flechas, arcos, plumas,
inúbias, colares de osso,
aos pés do satanás branco.

4
Então a montanha
como que se põe nua;
　abre um cofre de gruta
e lhe depõe nas mãos peludas
　uma jóia verde:
　"É tua."

Então o riacho,
como um rico pigmeu
todo cintilações de ouro:
"Tudo quanto possuo
é teu."

Então uma cunhã:
"Quem agora te dá
tudo o que tem de seu,
xá rekó mahã,
sou eu."

E todo o sertão
monstro em flor, caiapó,
ave ou fera,
num só coro:

Diabo Velho!

Ladrão de ouro!

Anhangüera!

Anhangüera!

CAFÉ EXPRESSO

1

Café expresso — está escrito na porta.
Entro com muita pressa. Meio tonto,
por haver acordado tão cedo...
E pronto! parece um brinquedo...
cai o café na xícara pra gente
maquinalmente.

E eu sinto o gosto, o aroma, o sangue quente de São
[Paulo
nesta pequena noite líquida e cheirosa
que é a minha xícara de café.

A minha xícara de café
é o resumo de todas as coisas que vi na fazenda e me
[vêm à memória apagada...

Na minha memória anda um carro de bois a bater as
[porteiras da estrada...
Na minha memória pousou um pinhé a gritar: cra-
pinhé!
E passam uns homens
que levam às costas

jacás multicores
com grãos de café.

E piscam lá dentro, no fundo do meu coração,
uns olhos negros de cabocla a olhar pra mim
com seu vestido de alecrim e pés no chão.

E uma casinha cor de luar na tarde roxo-rosa...
Um cuitelinho verde sussurrando enfiando o bico na
[catléia cor de sol que floriu no portão...

E o fazendeiro, calculando a safra do espigão...

Mas acima de tudo
aqueles olhos de veludo da cabocla maliciosa a olhar
[pra mim
como dois grandes pingos de café
que me caíram dentro da alma
e me deixaram pensativo assim...

2
Mas eu não tenho tempo pra pensar nessas coisas!
Estou com pressa. Muita pressa.
A manhã já desceu do trigésimo andar
daquele arranha-céu colorido onde mora.

Ouço a vida gritando lá fora!
Duzentos réis, e saio. A rua é um vozerio.
Sobe e desce de gente que vai pras fábricas.
Pralapracá de automóveis. Buzinas. Letreiros.
Compro um jornal. *O Estado! O Diário Nacional!*
Levanto a gola do sobretudo, por causa do frio.
E lá me vou pro trabalho, pensando...

Ó meu São Paulo!
Ó minha uiara de cabelo vermelho!
Ó cidade dos homens que acordam mais cedo no
[mundo!

O SANGUE DAS HORAS

ARCO-ÍRIS

Sei que tens as mãos cheias
de pedras rútilas do ódio
para atirar contra o meu rosto
quando algum dia eu passar,
triste, à hora do sol-posto.

No entanto, sem que o percebas,
busco os teus olhos de arco-íris
e, muita vez, meu pensamento,
sem sequer o pressentires,
pousa em teu ódio sem igual,
como uma absurda borboleta
que pousasse as suas cores
bem na ponta de um punhal.

Bem na ponta de um punhal
em cuja aparência tranqüila
um gesto futuro cintila...
Para meu bem? Para teu mal?

COMPROMISSO

Eu serei um túmulo
para o teu segredo
que guardado está.

A noite mais negra
baterá o martelo
do vento mais rijo
nesta pedra muda:
Quem será que mora
nesta pedra muda
que tão muda está?

Mas o meu silêncio
nada lhe dirá.

E já as formigas
cobrirão meus olhos
e estes musgos verdes
estarão crescendo
fora das paredes.

Mas o meu silêncio
nada lhes dirá.

Virá a alva louca:
quem será que mora
nesta pedra tosca
que tão muda está?
Mas o meu silêncio
nada lhe dirá.

Boca costurada
pelo meu silêncio
pode a madrugada
me trazer seus pássaros,
suas rosas rubras,
que serão perguntas
sem repercussão.

Mesmo algum cipreste
crescerá alto e fino
como longa espada
por alguém cravada
no meu coração.

Mas o meu silêncio
nada lhe dirá.

UM DIA DEPOIS DO OUTRO

MEIO-DIA

Azul pernalta
Girassol
de cabeça erguida

Palmeira esticada
Campo de Marte
Sede acesa
Espelho sem nuvem
Rosto sem ruga
Céu sem barca

Doze cigarras
extremamente nítidas.
Doze lágrimas
ásperas, sonoras.
Uma após outra
marcam doze horas.

O meio-dia mora
na árvore, a tarde
mora no horizonte.
E tu, ó noite, onde
moras?

Uma formiga
em forma de g
sai de oculto alfabeto
e passeia, explícita,
no chão dourado.

Um cacto cresceu.
Só agora o estou vendo.
Nu, perpendicular
como o meio-dia.

AS SEMPRE-VIVAS

O povo enfeitou a rua, ainda descalça,
por onde, lerda e triste, a procissão ia passar.
E a pequenina rua ficou, de ponta a ponta,
coberta, quase só de sempre-vivas.

Os pés da procissão, centopéia monstruosa
sobre um tapete,
esmagaram, uma a uma, as pobres sempre-vivas.
Os pés da procissão eram os pés do povo.
Iam sujos de terra e culpa. Em passos vagarosos.
Como não esmagar as pobres sempre-vivas?

Mas os pés, esmagantes, com que o rio de gente
caminhava, de rua em rua,
levavam sobre, e um atrás do outro, os corpos vis dos
pecadores.

E os corpos vis dos pecadores, por sua
vez, sem distinção de cor, de roupa ou de sapato,
levavam sobre — louras, pretas e brancas —
um mar de cabeças.

E esse mar de cabeças levava, por último,
já distante do chão, já oscilando no espaço,
como que procurando um obscuro horizonte,
já espiritualizada pelo céu da própria tarde,
sobre todos os corpos e sobre todas as coisas,
e ainda sobre o andor, a santa imagem
de Nossa Senhora em seu manto azul novo.

Nossa Senhora a caminhar com os pés do povo.

Com milhares de pés, ilustres ou descalços,
cheios de humana condição. Mas, todos, falsos
porque não eram seus mas apenas do povo...

Não foi, portanto, Nossa Senhora assim tão longe
dos pés da procissão, quem esmagou as sempre-
[vivas.
Foram os pés do povo, em marcha silenciosa,
rude e compacta, com as suas passadas de chumbo.

De resto, Nossa Senhora usa sapatos celestes
e as sempre-vivas são demasiado ásperas, agressivas.
Poderiam ferir-lhe os pés que só merecem rosas.

Porém, os pés dos pecadores é que andavam
àquela hora
de rua em rua, como se fossem os de Nossa Senhora.

Então as sempre-vivas,
pisadas pelos pés dos pecadores
mesmo depois de mortas continuaram vivas.
(O chão ficou dourado.)

Como se os pés distantes
e trêmulos de Nossa Senhora (a caminhar, a caminhar
                                  [com os pés do povo)
as tivessem pisado.

VIAGEM SOBRE O ESPELHO

Na grande tarde, que é um arco vermelho
oscila o barco
sobre o espelho.

Nesse barco navega o meu rosto.
O meu rosto de tripulante
olha o meu rosto de náufrago
no espelho.

A viagem é longa. A paisagem
também oscila
entre o meu mundo em viagem
e a água tranqüila.

Tudo é oscilação na tarde.
A água como que balança
em cada curva
entre o futuro e a demora.

Depois caminha oscilando
entre as duas margens opostas
como uma pergunta: até quando?
entre duas respostas.

Mas a oscilação mais grave
é a da viagem sobre o espelho.
Em que cada um de nós navega
com dois rostos.

Tripulante sobre o barco
e náufrago no meu reflexo
sob a tarde, em forma de arco,
vou eu, cada vez mais perplexo.

O meu rosto que se debruça,
vê o outro, caído ao fundo.
E sente, através do outro,
o abismo que aos meus pés carrego.

Antípoda de mim mesmo
entre mim e a minha mágoa
levo os dois rostos a esmo
um em meu corpo, outro n'água.

O que, por força, conduzo
preso ao corpo
é o que não naufragou ainda.
O outro é o que perdi pra sempre.

Viagem dupla, quase sem alvo,
em que o meu barco desliza,
entre o que há em mim de salvo
e o que de salvação precisa.

Na grande tarde, que é um arco
vermelho
oscila o barco
sobre o espelho.

A ORQUÍDEA

A orquídea parece
uma flor viva, uma
boca, e nos assusta.
Flor aracnídea.

Vagamente humana,
boca, embora feita
de inocentes pétalas,
já supõe perfídia.

Já supõe palavra
embora muda.
Já supõe insídia.

Que estará dizendo
o lábio quase humano
da orquídea?

SERENATA SINTÉTICA

Rua
torta.

Lua
morta.

Tua
porta.

A FLAUTA QUE ME ROUBARAM

Era em S. José dos Campos.
E quando caía a ponte
eu passava o Paraíba
numa vagarosa balsa
como se dançasse valsa.
O horizonte estava perto.
A manhã não era falsa
como a da cidade grande.
Tudo era um caminho aberto.
Era em S. José dos Campos
no tempo em que não havia
comunismo nem fascismo
pra nos tirarem o sono.
Só havia pirilampos
imitando o céu nos campos.
Tudo parecia certo.
O horizonte estava perto.

Havia erros nos votos
mas a soma estava certa.
Deus escrevia direito
por pequenas ruas tortas.
A mesa era sempre lauta.
Misto de sabiá e humano
o meu vizinho acordava
tranqüilo, tocando flauta.

Era em S. José dos Campos.
O horizonte estava perto.
Tudo parecia certo
admiravelmente certo.

PIGMALIÃO

Tens um ar de mistério,
vaga feição oblíqua.
Ignoras, porém,
o teu ar de mistério,
os teus traços ocultos
de alegria e tristeza.
Que seria de mim
se um dia estilizasses
essa feição oblíqua?
E se rasgasses mais
os olhos, se alisasses
mais violentamente
o teu cabelo crespo?
Há uma outra criatura
oculta em ti, oblíqua;
trevo de quatro folhas,
lua de quatro faces
tua desconhecida.
As tuas formas ignoradas
ainda estão intactas.
Não descobriste ainda
as tuas linhas puras
e originais que eu sei.

Mas o meu receio
é de que descubras
os teus dons terríveis,
e eu, pequeno rei
desse teu reino oculto,
então perca o meu cetro
pois esta é a triste lei...
Ah, não sabes quem és,
nem eu te direi.

CANTIGA SEM REGRESSO

Um cacto me pergunta: quando?
O horizonte me interroga: onde?
Só o meu coração é quem sabe...
E este bate, mas não responde.

A paisagem se torna escassa
quanto mais longo é o meu caminho.
O céu é que vai aumentando
as suas tardes de ouro e vinho.

De quando em quando, de onde em onde,
paro: Só pára quem duvida.
O que é rápido vai-se embora.
Passa sem pensar na vida.

O desencontro desta viagem,
por onde passo, fica impresso.
Não há esperança de chegada
e muito menos de regresso.

De quando em quando, de onde em onde,
faço do cacto a minha prece.
Do horizonte faço o meu leito
ensangüentado, se anoitece.

Regressar? já não é possível.
Seguir? já não é necessário.
Resta-me, no último horizonte,
o último cacto solitário.

O destino que me vence
é aquele de que sou oriundo.
Não é amar o que me pertence,
mas o que pertence ao mundo.

A viagem sem querer da vida,
pontilhada de agrestes luas,
me reduziu a duas palavras
espectrais, totalmente nuas:

Uma de pé, como um cacto: quando?
(a que ninguém me responde)
Outra, deitada no chão duro,
como um horizonte: onde?

FICAM-ME AS PENAS

O pássaro fugiu, ficam-me as penas
da sua asa, nas mãos desencantadas.
Mas, que é a vida, afinal? Um vôo, apenas.
Uma lembrança e outros pequenos nadas.

Passou o vento mau, entre açucenas,
deixou-me só corolas arrancadas...
Despedem-se de mim glórias terrenas.
Fica-me aos pés a poeira das estradas.

A água correu veloz, fica-me a espuma.
Só o tempo não me deixa coisa alguma
até que da própria alma me despoje!

Desfolhados os últimos segredos,
quero agarrar a vida, que me foge,
vão-se-me as horas pelos vãos dos dedos.

O ACUSADO

Quando eu nasci, já as lágrimas que eu havia
de chorar, me vinham de outros olhos.

Já o sangue que caminha em minhas veias pro futuro
era um rio.

Quando eu nasci já as estrelas estavam em seus
lugares definitivamente
sem que eu lhes pudesse, ao menos, pedir que
[influíssem
desta ou daquela forma, em meu destino.

Eu era o irmão de tudo: ainda agora sinto a nostalgia
do azul severo, dramático e unânime.
Sal — parentesco da água do oceano com a dos meus
[olhos,
na explicação da minha origem.

Quando nasci, já havia o signo do zodíaco.

Só o meu rosto, este meu frágil rosto é que não existia
quando eu nasci.

Este rosto que é meu, mas não por causa dos retratos
ou dos espelhos.

Este rosto que é meu, porque é nele
que o destino me dói como uma bofetada.
Porque nele estou nu, originalmente.
Porque tudo o que faço se parece comigo.
Porque é com ele que entro no espetáculo.
Porque os pássaros fogem de mim, se o descubro
ou vêm pousar em mim quando eu o escondo.

O ANJO ENGRAXATE

Como soubeste,
ó anjo da rua,
que tenho os pés
de crocodilo?

Como soubeste,
ó anjo da rua,
que o meu sapato
já foi lacustre?
e que preciso hoje
ficar ilustre?

Como soubeste,
ó anjo da rua,
que eu quero ter
(pra que ninguém,
hoje, me eclipse)
os pés de barro
resplandecentes
como os dos anjos
do Apocalipse?

II

Pequei com a alma.
pequei com o pensamento,
pequei com o corpo.
Só não pequei com os pés.

Vivo de pés no chão
e cabeça no céu.
(No céu ou na lua?)
Ainda agora senti
certo gosto de céu
como se houvesse beijado
uma santa, na rua.

Tenho os pés inocentes
mas em minha cabeça
moram os meus pecados
azuis e dourados.

Nem há mal algum
em ter pés inocentes.
Pois Cristo não lavou
os pés aos seus apóstolos?

Vivo de pés no chão
e cabeça no céu.
Mas não é o meu chapéu
que ponho atrás da porta
na noite de maior
inocência.

São os meus sapatos.

(Reflexões que fiz, em pé, pecador tranqüilo, parado numa esquina, enquanto o pequeno engraxate ambulante, um italianinho de olhos azuis, me lustrava os sapatos de crocodilo.)

SONATA PATÉTICA

I

O meu rosto do retrato,
jovem, e por minha mãe
colocado na parede
deste quarto, onde hoje moro,
fica defronte ao do espelho.

O do espelho nem parece
ser o eu mesmo do retrato.
De tão triste: Diferente.
Parece mais um parente
corroído por muitos danos
mas ainda vivo, chegado
de uma viagem de trinta anos.

Como pude morrer tanto,
mudar de cor, e de fato,
sem um grito, sem um ai
entre um espelho e um retrato?
Só perguntando a meu pai.

Na hora, não senti nada...
Agora não me conformo
com a rude metamorfose

que me deixou sua marca.
Que me saqueou de mansinho,
me pôs nu diante do espelho
piando como um passarinho.
Como se a vida não fosse
já tão magra, já tão parca.
Que fada exigente, má,
pediu meu rosto ao tetrarca?

Só mesmo a gente se rindo.

Rio-me desapontado,
por ver que já não adianta
chorar, se tudo está findo.

E vou do espelho ao retrato
(de cabelo repartido)
e do retrato ao espelho
(caco de espelho partido)
com qual dos dois me assemelho?
Lá fora dançam as árvores
no crepúsculo vermelho...

II

Tempo abutre pernilongo
ficou tocando violino
enquanto chupa meu sangue
em noite de serenata.

Bebeu água nos meus olhos.
Me depenou. Arrancou-me
penas do corpo e das asas.
E voa com minhas penas.
E leva, agora, o meu rosto
para o lado do sol-posto.

Em cada passo que dou,
hoje, entre o espelho e o retrato,
já eu próprio me divido.
Enquanto um pé é futuro
o outro já foi pro olvido.
E, sem sentir coisa alguma
(pois raramente me ajoelho)
vou andando, dividido,
meio anjo, meio bicho,
entre os dois: retrato e espelho.

Vou andando, repartido,
entre o poeta do retrato
e o filósofo do espelho.
Entre o meu rosto, já ausente,
e o eu, de corpo presente.

Na hora não senti nada.
Não é nada... não é nada...
Depois é que sinto o estrago.
O tempo passou, num trago,
me depenou e, com as minhas
penas fez as suas asas.
Quando ouvi seu passo duro
— pois caminho pro futuro
com o calcanhar para o oeste —
já ele ia pro sol-posto
onde enterrará o meu rosto.
Eu vejo tudo no espelho.
Chovem brasas! chovem brasas!

Só mesmo a gente se rindo
sobre o espetáculo findo.
Lá fora as árvores dançam
no crepúsculo vermelho...

III

"O que me abisma, entretanto,
nesta grande tarde rubra,
já não é o eu haver sido
apedrejado em silêncio
por um secreto inimigo
que deve morar comigo
sem que eu, jamais, o descubra.
Já não é a bofetada
que o tempo, em câmara lenta,
me aplicou, não senti nada.
Já não é o terremoto
em meu chão de carne e osso,
sem registro no sismógrafo,
que passou, não senti nada.
O que me abisma, inda agora,
não é a distância que vai
entre o meu rosto do espelho
e o meu rosto do retrato.
É o tempo, o tempo que mói,
no céu, as próprias estrelas,
como uma farinha de ouro;
é o tempo, o tempo que rói
até o rosto dos retratos;

é o tempo que nos destrói
tudo, tudo-tudo-tudo,
nem de leve me haver doído.
Isto agora é que me dói.
Este, o insulto que revido.
Como pude morrer tanto,
e tanto, sem me haver doído?"

(Só mesmo achando engraçado
o que já é triste, bem triste.)
E vou do espelho ao retrato
e do retrato ao espelho:
"Como é que uma bofetada
não me doeu, cruel, imensa,
no momento de ter doído?
Pra que eu tivesse reagido
na hora, à altura da ofensa?
Pois não senti a bofetada...
Isto agora é que me dói."

"Que anestésico celeste
terá usado o vil abutre
que subverteu, em trinta anos,
toda a minha geografia?
Comeu rosas, deixou cravos

no chão de tanto desgosto
que hoje é o mapa do meu rosto?
E tudo tão sem rumor,
tudo tão sem me haver doído
que não lhe senti a bicada?
Este, o ponto que revido.
Isto agora é que me dói."

"Como hoje curar feridas
assim, retroativamente,
na máquina de costura
se as pedras, que a mão oculta
me arremessou, foram mudas?
Se não lhe senti a pedrada?
Isto agora é que me dói."
E vou do espelho ao retrato
e do retrato ao espelho:
"Quero encontrar o agressor,
mas como? Ele está escondido
no curto espaço que vai
entre um espelho e um retrato.
A quem, pois, pedir conselho?
Ele ficou dividido
entre os dois: retrato e espelho.

Quero caçá-lo, não posso.
Sua boca é de um minuto
escondido sob as asas
mas ele tem cara grande
não cabe em fotografia.
Tem dois rostos, do tamanho,
um, da noite, outro do dia."
(E vou do espelho ao retrato
e do retrato ao espelho.)

"Uma coisinha de nada
dos solavancos em meio
arranhadura no dedo
picada de azul piranha
mordida de pernilongo
queda durante o passeio
feridazinha singela
no ato de abrir a janela,
já me obriga a fazer feio.
Como, pois, poderei eu
aceitar (eu, o agredido)
uma dor que não me doeu
no momento de ter doído?
Não é justo, não é honesto.
Contra isto é que protesto.

Tudo perdido, inclusive
minha vocação pra herói:
Isto agora é que mais dói!"
E rio-me sem querer.

Pois não me resta outra coisa
(por não ter sentido nada)
à hora do necrológio,
senão me rir do que é triste
e... consultar o relógio.

A FACE PERDIDA

RESSENTIDO

É inútil, ó meus amigos,
a vossa enorme aflição.

É inútil o céu dizer-me
que a estrela-d'alva ainda existe.

É inútil a primavera
florir tão anunciadora.

Como inútil também fora
alguém dizer-me que não.

A manhã chegou tão tarde
que eu já era coisa antiga.

Os anjos vieram ouvir-me
depois de finda a cantiga.

A própria rosa orvalhada
de tão recente ou futura

também floriu atrasada;
é rosa de sepultura.

E mesmo a tarde faltou-me
pois chegou tarde, e deserta.

Só a minha resolução
é que tinha uma hora certa.

ATRIBULAÇÃO

I

Abro o meu guarda-sol
contra uma ave de fogo.

Desço a aba do chapéu
sobre os olhos diurnos.

A matéria, ferida,
cospe flores e música.

O menino demônio,
que vendia jornais
nos estribos dos bondes,
virou rosa do reino
da metamorfose.
Há uma poça de sangue
sob o céu de safira.

Durmo em pé, meu enterro
será vertical,
por falta de horizonte.

A hora e a geometria
nunca estão de acordo
na cidade grande.

II

Ó deus cotidiano!
por que não nos concedes,
ao menos, o direito
de escolher a morte
de que desejaríamos
morrer, mais simplesmente?
como quem escolhe
um lírio, entre outras flores,
para um presente?

A MOSCA AZUL (OU DOURADA?)

I

(Azul e dourada)
no silêncio da sala
indo vindo zumbindo;
ou pousada, depois,
(azul e dourada)
numa flor de papel,
num fio de telefone
ou no cartão postal
ou na ilha do mapa;
(azul e dourada)
ou no debrum de prata
que enfeita o manto novo
de uma Nossa Senhora;
ou na toalha de linho
onde as frutas compõem
(azul e dourada)
as cores vivas de uma
natureza morta;
ou no sujo do chão
(azul e dourada)
ao primeiro sinal
da decomposição...
E pousa em nossa mão.

E pousa em nosso suor.
(Azul e dourada)
E pousa em nossa lágrima,
na xícara de café,
na sopa cor-de-rosa,
ou, por falta de assunto,
(azul ou dourada?)
no rosto do defunto.

II

(Azul e dourada)
nunca foi a encantada
imagem da ilusão
que o poleá dissecou,
com a cruel minudência
de sua gaia ciência
reduzindo a uma gota
de matéria vil
o que era ouro e anil.
Mas, a notícia má
e minúscula voando
(azul e dourada)
que me pousou no rosto
à hora em que eu rezava

na igreja, de mãos postas,
sem poder enxotá-la;
à hora em que me levaram
para o interrogatório,
(azul e dourada)
lenço preto nos olhos
e de mãos amarradas,
sem poder enxotá-la;
à hora do pesadelo
feito de angústia e gelo
e da paralisia
em que, horizontalmente,
(azul e dourada)
fiquei de mãos imóveis,
sobre fundo neutro,
sem poder enxotá-la;
à hora rígida, agora,
em que tenho as mãos frias,
qual duas rosas defuntas
(azul e dourada)
chumbadas sobre o peito,
no país das mãos juntas
sem poder enxotá-la.
Ó importuna, ó importuna,
inoportuna mosca

da hora em que estou preso
e indefeso,
já que tiveste, ao menos,
neste mundo sem graça
(azul e dourada)
a graça da hora imprópria
e do lugar impróprio
(azul e dourada)
entrego-te o meu rosto
submisso, oportuno,
agora único e uno.

III

A hora é de aceitar tudo:
a rosa, o escarro. É a hora
da grande aceitação
em que tudo é oportuno.
Que é, afinal, a esta hora
— hora de aceitar tudo —
(azul e dourada)
o zumbir de um inseto
no dicionário mudo?
E que importa o z
com que zumbes, sozinha?

Que haverá de secreto
no especioso zumbido
com que — simples inseto —
repetes, sempre, a última
letra do alfabeto?
Uma simples mosca,
seca lágrima, escassa,
que ficou no ar sonora?
Indo vindo zumbindo
no silêncio da sala?
Mais insistente agora,
(azul e dourada)
sobre a falta de assunto
que precede o nada?

Ah, a falta de assunto,
com que todos observam
o rosto do defunto:
(como, a esta hora, enxotá-la?)

Mosca da última hora.
Mosca da madrugada...
(Azul ou dourada?)

A HORA CERTA

Possuo uma noiva secreta
que se diz minha,
mas é noiva só do horizonte.
É a hora certa
que comigo caminha.

A hora certa se levanta comigo
se o sol desponta;
e anda comigo o dia inteiro.
Mas, à noite, o meu travesseiro
é o seu faz-de-conta.

E a hora certa e o céu bifronte
(há nisto glória?)
apostaram corrida
em mim, para esta viagem
quieta e obrigatória.

Mora comigo essa hora certa
de fazer tudo:
ir a uma festa, ir a um enterro,
arranjar a gravata
e ficar mudo.

Um dia o horizonte (quando?)
e a hora certa
se casarão sem que eu o saiba.
Serão um só, os dois,
e o meu corpo uma sala deserta.
....
Mas... e depois?
Não haverá, em meu relógio,
nem mais antes, nem depois.

A METAMORFOSE

Elefante alvo
manchado de ouro,
patas de sol
na água de anil,
solto no espaço
à Grand-Guignol.

Só amo as coisas
que não têm forma.
O pó, a bruma,
o barro vil,
a desfolhada
rosa de espuma,
a nuvem alta,
alvo elefante
sem forma alguma.

Nuvem, esponja
que apaga o avião
e o próprio Sol.
Fora prazer
se ela me visse
e me descesse
ao pobre ombro
com o seu poder;
e me passasse
a sua esponja
em meu perfil
e no meu ser.

CIENTE

I

O beijo com que a tarde
me ensangüenta a boca.
Fingirei que o não sinto?

Grandes borboletas,
que só nascem a esta hora,
pousam de asas fechadas
no meu labirinto.

No desmoronamento
dourado do dia
a grande ave absurda
do silêncio gorjeia
mas não sei em que árvore.

II

Já na primeira infância
me roubaram o seio,
alvo, redondo, cheio,
em que eu bebia o leite
da ignorância.
Agora bebo o sangue
da filosofia.

Sangue rubro em que molho
o pão de cada dia.
E, em lugar da rosa,
resta-me o pedregulho
onde nasce o país
dos objetos sem uso.
País que fica ao norte
do imediatamente.
O país concluso.

Não existem mais frutos
em nenhum pomar
que já o meu paladar,
hoje corrompido,
não conheça — sabido.
Não há seda ou cacto
que já a minha mão
não adivinhe, logo,
experiente ao contacto
das coisas corpóreas
e das suas arestas
ou frestas.
Minha mão é um símbolo.
Ontem, rica — convexa.
hoje pobre — côncava.

III

Lembro-me, ainda hoje:
o diabo me chamou
a um canto da parede
em capcioso gorjeio,
e aí me ensinou tudo.

A primeira palavra
que aprendi a escrever
no beco da Matriz
foi um nome feio.
E quando era manhã
já eu sabia o segredo
da noite, ao meu ouvido,
que a serpente da fábula
me ofereceu, dentro
do fruto proibido.

Tinha eu muita sede.
Deu-me a vida a água
da mágoa.
Água terrível, trago-a
dentro em mim, orvalho
dentro de um baralho.

Até que escrevi "ciente"
no papel que me trouxe
o oficial de justiça
e fiquei então ciente
de que havia a injustiça.
Fiquei ciente de tudo.
(A mais triste forma
de saber é estar ciente.)

IV

O mundo me ensinou,
me cuspiu no rosto,
me fez triste e sábio.
E em meio ao triste pão
que minha mão amassa,
em meio à convicção
que substituiu o êxtase,
em meio à mais abjeta
condição de vida,
resta-me, só, a ironia
da poesia.

Resta-me só esta graça
de ser poeta.
Poesia! única coisa
que, depois de sabida,
continua secreta...

A SÉTIMA QUEDA

Eu quis correr, futuro,
no chão falso e obscuro
e caí, na corrida.

Eu quis subir mais alto
por oblíqua montanha
e caí, no asfalto.

Eu quis vencer a vida
e caí prisioneiro
do planeta homicida.

Eu quis levar meu fardo
feito só de esperança
e caí, de tão tardo.

Eu quis voar como um pássaro
sobre a tua casa,
e caí, já sem asa.

Quis ser puro de corpo,
brunido em áurea chama
e caí, sobre a lama.

Mas a dor que me veda
caminhar de novo
é a da sétima queda.

Vinha eu tão a esmo
que rolei da nuvem
e caí, em mim mesmo.

Queda sem nenhum ruído
pela porta do espelho
que ficou partido.

A ILHA DE FOGO

A morte, música sinistra
em que só se ouve o trombone amassado
soluçando.
Já não o toque de clarim em continência
aos séculos.
Nas ruas tortas da cidade que pereceu entre as chamas
depois do último bombardeio
o próprio silêncio mutilado e torto.
O mastro do navio, torto, entortou o horizonte.
Passada, enfim, a orquestra dos canhões,
na pauta torta de uma cerca de arame
já sem clave de sol, depois de várias síncopes,
ainda acesos — alguns sustenidos de fogo.

ESTAÇÃO DE CURA

A água me vem gorjeando
dentro do copo,
como um pássaro líquido.

Acredito que as lágrimas
que eu chorasse,
examinadas num laboratório,
já não teriam significado
nem sal.

As coisas naturais me cercam
e contam-me — analfabetas —
que são minhas irmãs.
A lua é, agora, um objeto
do meu uso pessoal.

Sinto-me tão natural
que faço sol, chovo, anoiteço.
Minha mão é de prata e água.
As moças do lugar me cumprimentam
sem me conhecer;
com isso, me comovem.

Na manhã hidromineral
as árvores chovem.

TESTAMENTO

Deixo os meus olhos ao cego
que mora nesta rua.
Deixo a minha esperança
ao primeiro suicida.
Deixo à polícia o meu rasto,
a Deus o meu último eco.
Deixo o meu fogo-fátuo
ao mais triste viandante
que se perder sem lanterna
numa noite de chuva.
Deixo o meu suor ao fisco
que me cobriu de impostos;
e a tíbia da perna esquerda
a um tocador de flauta
para, com o seu chilreio
encantar a mulher e a cobra.
Às coisas belas do mundo
deixo o olhar cerúleo e brando
com que, nas fotografias,
as estarei, sempre, olhando...
Aos noturnos assistentes
de última hora — aos que ficam,
o sorriso interior e sábio
que nunca me veio ao lábio.

O GALO DAS CINCO HORAS

É um galo nítido, auto-suficiente,
com uma clareza de clarim noturno.
Que deve ter a plumagem vermelha,
e cuja crista é a própria estrela-d'alva.

Cantou muito esta noite, cantou muito
qual se tivesse, como de costume,
uma coisa secreta pra dizer-nos
mais surpreendente do que a madrugada.

Há quantos séculos este galo canta?
Mas amanhece e a manhã é, apenas,
a face cor-de-rosa de um abismo

(seguinte) uma manhã que nunca chega,
e que promete, sempre, a mesma coisa,
por só existir na garganta dos galos.

O ELEFANTE QUE FUGIU DO CIRCO

O ELEFANTE QUE FUGIU DO CIRCO

"... *tão formoso, sendo mui feio que*
era cousa gentil de se ver."
(Doc. cit. por JORGE DE
LIMA, in "Anchieta").

I

Velho elefante, tão cheio de brincos
e enfeites, que feroz determinismo
se apossou do teu corpo, qual demônio,
que não mais obedeces a ninguém?
Para que venhas, pela rua 15,
desembestado, interrompendo o trânsito?

Mal feito, a pele mal adstrita ao corpo,
como uma vestimenta já sem dono,
suja e antiquada, olhos ainda bíblicos
no século XX. Ainda africano
na concepção do movimento próprio
para os passeios régios, com escada
de seda verde, pela qual os pajens
sobem-te ao dorso — dorso em ouro e prata.
Quantas vezes aceitaste o governo
dos histriões e dos imperadores.
Eras um coração de pomba. Os pássaros

poderiam gorjear na tua tromba.
A qualquer hora, mal surgisse a aurora.
Entretanto, com que surpresa enrolas,
na tua tromba, agora, os policiais.
Com que fúria, com que desembaraço,
esmagas, sob as tuas patas, um
a um, a qualquer de nós, pobres lírios.
Movendo as dobras e agitando as sobras
da pele flácida, velha capa preta
com que passeavas, solto, na floresta,
ou entre deusas, nos festins assírios.

Foste um dos animais da preferência
de Noé, para a arca. Não te lembras?
Talvez o mais amado das crianças
pelo que tens de mágico, alegórico.
Há qualquer coisa, mesmo, de um monstruoso
brinquedo em teu perfil, teu gordo ser,
que é mui feio, mas gentil de se ver.

II

Estava eu habituado a ver-te, manso.
Rabicurto, as orelhas fabulosas.

Orelhas que, costuradas, dariam
pra formar as duas asas a um arcanjo
negro. Amontoado sobre as patas, como
sobre quatro corolas de borracha.
Solitário, ou nos bandos, agora ágil,
sob a perseguição dos caçadores.
Elefante que nasceste na origem
da grande noite, onde as árvores têm
os cabelos borrifados de estrelas...

Estava eu habituado a ver-te, mas
na bacanal dos marajás, ornado
de custosos chairéis, ou travestido
de naipes, para diversão, nos parques.
Ou no festão dos sonetos de mármore.
Ou em baixo-relevo. Ou insculpido
no pedestal dos reis e dos heróis;
e em efígie, na medalha dos césares.
Ou nas esferas brancas que te arrancam
às defesas (de que elefante absurdo
e misterioso serão as três luas,
as três luas obedientes a todas
as minhas intenções (subintenções)
de finura, no retângulo verde?)

Surpreende-me ver-te agora transviado
na parda confusão da rua, onde
promoves, hoje, o pânico, a desordem.
Desobediente aos sinais semafóricos.
Como se houvesses, fabulosamente,
saltado, a tromba no ar, do mapa
ou do dilúvio, em meio aos automóveis,
e justamente à hora de mais povo.
Desamarrando, azuis, os laçarotes
de fita, com que o homem enfeitou
tua ferocidade, arremessando,
ao chão, os guizos, que te tilintavam,
alegremente, aos pulsos; baralhando
os ouros, as espadas do teu manto
de tecido estampado a cores vivas.

No teu corpo, onde mora a mais noturna
das noites — noite cúbica — há uma Lua
chinesa, a do comércio de marfim.
Há centenas de luas, umas presas
às outras como num colar, a tua
calma longevidade taciturna.
Não cria eu que no teu corpo houvesse
tamanha insubmissão apocalíptica.

III

Pois não viste, sequer, que a nossa hora
não era suficientemente lírica
pra te compreender? não era a tua,
porém, a hora das coisas minúsculas?
A pequena mas infinita hora
das investigações mais minuciosas?
Hora em que todos fazem uma só
e única coisa, aceitar tudo, menos
um elefante? Pois não percebeste
que, na ordem legal, quando se trata,
apenas, de escrituras no cartório,
ou de jogar nos títulos da bolsa,
não poderá caber um elefante?
Que haverá, pois, de mais impertinente,
que um elefante atravancando a rua?
à hora em que somos exclusivamente
transeuntes, não mais do que transeuntes?
Mesmo que fosse um anjo, já seria
a subversão da ordem, algo insólito,
em meio à pressa típica dos negócios
e da hora marcada, a hora inadiável.
Mesmo que, por instantes, a mãe de ouro
descesse no viaduto, ao meio-dia,

seria isto "um ato incompatível
(como se diz em linguagem de inquérito)
com a conveniência pública", com o tráfego,
com as mil e uma obrigações que tecem,
de ouro ou de barro vil a nossa vida
civil — que se dirá de um elefante?
Seria, já, a subversão do método;
ou do ritmo sossegado e harmonioso,
que não é o deste poema, certamente,
(chi poria mai pur con parole sciolte
dicer apieno?) escrito quase em branco,
por quem, diante da tua tromba em flor,
jogou ao chão as flores que trazia
para um soneto, uma ode, uma elegia.

Não se dá uma rosa em pagamento
de uma dívida. Nunca as esperanças
são devedoras, antes, são credoras.
Há esperanças que esperam, e esperanças
que não esperam, senão por obséquio,
até tal hora, à porta de tal banco.
Há esperanças terríveis que não param
e exigem que as acompanhemos, lestos,
em todas as procuras que realizam,
embora nos magoem músculos e ossos

de tanto andar, à hora em que o mundo
se faz pequeno, por demais pequeno,
pra caber nele as nossas divergências
e exigências, e ainda um elefante.

IV

Ah, se eu pudesse atravessar o povo,
e chegar-te bem perto das orelhas,
havia de contar o meu segredo,
ao teu ouvido, delicadamente,
ofertando-te umas rosas vermelhas:
estás zangado? sê cordato, ouve.
Sossega, ó meu irmão, pois não te lembras
do tempo em que brincavas com os meninos,
no circo? um deles — teu melhor amigo,
era eu — cognominado "o Incorrigível".
Ouve, as autoridades estão, já,
dizendo ao rádio, e elas dispõem de máquinas
lacrimogêneas, de clarins, tambores —
que vão te remover, já — vivo ou morto,
para o depósito — não o percebeste?
onde não haverá espaço pra teu corpo.
Excelente, excessivo, devoluto,

não caberás em qualquer parte, vivo.
És demais, como carga, e serás morto
para caber no chão, que no chão cabe
tudo o que sobra e é preciso se acabe.
Quando podias ser a graça, é lógico,
de um zôo, não zoológico mas lógico.

Meu monstro de inocência, não suspeitas
que andaste mal fugindo do teu circo?
Não suspeitas que o teu lugar não é
na selva da África, nem na rua 15?
nem no depósito em que serás jogado
por excessivo só porque estás vivo?

Já há vidros quebrados pelas lojas
de ferragens e louças. Já as casas
de flores foram invadidas, já
os homens de negócio estão receando
que muitos outros elefantes venham.
Já os bancos descem as cortinas de aço.
Já um pelotão da polícia especial
se apresta pra caçar-te, em plena rua,
na floresta dos homens, e ainda investes?
Ainda investes pela rua 15?
monolinear e irreversivelmente,

interrompendo o trânsito, os passeios?
Serás o monstro da desesperança,
do Apocalipse, do juízo final?
Monstro que já os profetas anunciavam?
Havia de aparecer um sinal...

Teu lugar, elefante, não é mais
na selva da África, nem na rua 15.
É no circo, onde, atualmente, moras.
No circo de onde, ludibriando o guarda —
fugiste para a rua; é lá, no circo,
onde demora o último vestígio
do mundo mágico, onde és qualquer coisa
de tragicômico, de maravilhoso,
entre os necessitados de alegria.
Os que procuram coisas diferentes
das que encheram de tédio as próprias flores.
Algo que lhes pareça fabuloso.
Não aquilo que, à custa de ser visto,
o olhar se prostituiu de tanto olhar;
mas algo acima do seu horizonte
de agora e que — embora muito feio, —
seja, como tu és, gentil de ver.

Volta ao circo, elefante; tem piedade
do pouco que nos resta de criança,
neste planeta, sujo fim de terra.
Volta ao circo, elefante... Sê obediente
como a força que crê em si; e deixa-me,
deixa-me, desde logo, azuis, na tromba
amarrar-te, de novo, os laçarotes
de fita, e fulvos, pendurar-te, aos pulsos,
os guizos de ouro, tilintantes de ouro.
Além de tudo, este é o maior segredo,
que eu queria contar-te, bem no ouvido.

A hora é de morrermos todos; todos.
Vem aí o dilúvio, e o circo é a arca
de Noé, ancorada, já no asfalto,
para salvar apenas as crianças
e os poucos a quem Deus ofereceu
a graça de se parecer com elas...

POEMAS MURAIS

A ORDEM DA ROSA

Chamam-me de louco
por causa desta rosa.
Rosa tanto mais alva
quanto mais recente.
Rosa que se colhe
ao nascer do dia.
Nela é que mora, trêmulo,
como um pingo de orvalho,
o último minuto.

Esta outra é rosa
na cor como em seu nome.
Rosa cor-de-rosa.
Que adiantaria haver
a rosa do após-noite
se esta outra, por medo,
alucinação, ira
ou falta de pudor,
não me subisse ao rosto?

Em verdade, porém,
sou da Ordem da Rosa.
Porque guardo, no peito,
sem ninguém que a descubra,
uma terceira rosa.

Rosa esquerda, rosa
de haver sonho e futuro.
Rosa do compromisso
com o que virá, após.
Rosa de algo que há em nós,
apesar de nós.

Rosa que é, a um só tempo,
invisível e rubra.

A NOTÍCIA DE HOJE

Mais quinze condenados à morte foram conduzidos
[em fila
e encostados ao muro,
perante quinze cintilações de baioneta.
E não quiseram que se lhes vendassem os olhos
nem se lhes pintasse o alvo, no peito,
em cima do coração — pobre símbolo.

Que adiantaria serem cegos, à última hora?
Que adiantaria não olhar a cena que mais tarde
os cegos, a quem seus olhos fossem doados,
veriam?

Que adiantaria a rosa ser vermelha, na noite?

PLANO INCLINADO

Desce a noite espessa,
depois de azul demora,
sobre minha cabeça.
E dissolve o número
desta porta de casa.
A lua, agora oblíqua,
é um peixe hemifacial
num ângulo de prata.
Canta alguém na estrada.
Vinda, mas não sei de onde,
uma voz me responde.
Não lhe perguntei nada.
E eis que uma luz escassa
(um lampejo que chora)
chega, e foge qual pássaro,
batendo na vidraça,
como se fosse a hora...
A grande hora certa,
que se faz incerta
apenas pra disfarce
da nossa certeza.
E que cai do relógio
sobre o nosso corpo
já em plano inclinado.

MOSTRADOR

O ponteiro grande
dá a volta ao mundo
de hora em hora;
já o pequeno, não.
Parece-nos parado.
Parado entre o futuro
e o tempo ido.
Irmãos do desencontro:
Um, o ponteiro
da esperança, o outro
o do olvido.

O ponteiro grande
gorjeia de hora em hora.
O pequeno é silente:
Todas as coisas
que caminham pra não
voltar, caminham
assim: imovelmente.

Horizonte. Atributo
do último minuto.

EU NO BARCO DE ULISSES
(RAPSÓDIA, EM 10 FRAGMENTOS)

Visita aos que morreram por nós

A nau pintada de preto, a vela como a asa de um
[cisne,
no anilmarinho, lá fomos, agora, a buscar outra terra.

Tínhamos visto, em tal viagem, o branco país dos
[lotófagos
e o do Cavalo em Flor, vamos, agora, ao dos mortos,
[ao longo
da cimeriana região, onde os homens suplicam o Sol.
Por aí só haver noite e ser, tudo, uma treva perene.

Os que morreram por nós, entre tantos que aí se
[reúnem,
são os que falam mais, por não terem dormido até
[hoje.

Quando, porém, escutaram a ária do cravo e da rosa,
por mim tocada, na flauta de osso que eu trazia
[comigo,
imaginando talvez que eu era um pássaro, e amanhecia,
se levantaram dos seus leitos duros. E um deles me
[diz:
morremos lutando por uma manhã luminosa e feliz
e aqui estamos no escuro, e vocês continuam no
escuro aí fora. Onde a sonhada aurora?

E eis que o segundo interrompe a feroz falação do
[primeiro:
"Aqui ninguém dorme, não só por estarmos vivendo
[em chão duro
e no escuro, mas também porque os geógrafos, aí
[fora,
não nos permitem sossego." E o terceiro (um que
[me parecia
chorar), assim me falou: como dormir, se hoje os meus
[olhos
se transformaram em rosas? se as rosas são como as
[de Rilke:
não dormem; são rosas fátuas; são como os olhos
[das estátuas?

E o quarto: não só por estarmos no escuro
não só porque sejam rosas, hoje, os nossos olhos
[já ocos,
é que não dormimos, nem apenas porque os geógrafos
[falam alto,
mas porque os mortos dançam, em sinistra coréia.
Aqui se encontram sepultados
os que morreram nas ilhas do Pacífico; os que
[morreram

em Berlim; os que ficaram dançando no chão da
[Indochina;
os soterrados nas minas; os que, pra não serem
[comidos
pelos abutres, tiveram que ser enterrados na areia;
afinal, todos os mortos que nunca tiveram sossego.

Mas eis que o quinto morto interrompe o diálogo e
[assim fala:
Há uma mulher com cabelo de fogo, a "terribilis dea"
dançando como a princesa egípcia. Qual agora a
[cabeça
que ela pediu ao tetrarca? Não é Salomé, mas
[quem é a
mulher que dança, aí fora, e jamais nos permite
[dormir?
Enquanto houver, no azul falso do mapa, a fronteira
[que dança,
como terão os meus ossos um só minuto de sossego?
Terão também que dançar, como numa monstruosa
[coréia.
Digo coréia pra não aludir à fronteira que dança.
Aludo à dança dos mortos, falo coreograficamente.
Como dormir se o meu túmulo é uma questão de
[geografia?

Enquanto houver, no azul falso do mapa, a fronteira
[que dança,
como terão os meus ossos um só minuto de sossego
na terra fria?

Chegada à ilha dos Cojubins

Ó grande noite, onde estão os banidos do dia? Jamais
foi dado ao Sol, com os seus raios de ponta dourada,
[dourá-los.
Nem ao subir, quando sai da garganta noturna dos
[galos,
nem quando baixa de novo, na volta do azul para a
[Terra.

E (a nau pintada de preto, a vela como a asa de
[um cisne)
lá me fui eu, com os meus trinta egipãs, companheiros
[de viagem,
e no outro dia descemos no lado oriental da grande
[ilha.
A região onde, ao contrário, o que os homens suplicam
[é a noite.

Aí só existe o Sol. Unicamente os pássaros de fogo aí
gorjeiam sem pausa, pedindo que a noite lhes venha
(não a dos dedos de rosa, porém a dos dedos de lã)
para que possam dormir como dormem os de outros
[países.

Os cojubins, ao nos ver, proclamaram a eterna manhã.

Vulcano fabrica o Sol da Terra

E aí encontramos, em sua tarefa, o sórdido ferreiro
que tem as mãos de ferrugem vermelha, os cabelos
[acesos.
E agora está fabricando um Sol, a que chamou Sol
[da Terra.
Um Sol final, de cem pétalas. Um girassol que só
[em vê-lo
fiquei de súbito louro. E apenas porque ao longe
[o avistaram,
louros também se tornaram os meus companheiros
[de viagem,
não obstante índios e negros. E os objetos, e as armas
se lhes mudaram, também, em ouro; no mais rútilo
[ouro.

Seria essa a sonhada aurora, a grande luz por
[quem tantos,
guerra após guerra, pensando em obtê-la tombaram
[sem vida?
E — mais que tudo — tombaram sem vê-la?
[Ambicionada estrela,
adiada sempre, ou apenas fogo? Qual a aurora que
[um dia
resolverá nossa angústia, desde que seja simplesmente
e, apenas, fogo? ou que não seja universal e que, por
[último,
não signifique, também, o amanhã — sendo apenas
[manhã?
E entre mil e um maquinismos, e muito mais surdo
[que absurdo,
o Sol da Terra já brilha, qual grande pássaro de fogo
dentro da jaula, esperando que os homens lhe digam:
[é a hora.

Encontro com os dois antropófagos

E eis justo que, na linha que divide um hemisfério
[do outro,
me apareceram, de pronto, os dois bruscos Gigantes
[que aí moram.

Não eram dois Corinqueãs. Também não eram Cila
[e Caríbdis.
Nem Pantagruel e Adamastor que houvessem mar-
[cado um encontro
na encruzilhada, lançando o terror por aquelas
[paragens.

Mas dois Gigantes modernos, dois monstros de igual
[estatura,
um mágico, outro mecânico, ambos filhos da noite
[e do Sol.
E tão iguais que seria impossível distinguir, entre os
[dois,
qual o mecânico, qual o mágico. A hora é da confusão
maravilhosa, de tão perfeita... O mágico é irmão do
[trágico.

Eram tão gêmeos e iguais que, por serem assim tão
[iguais
é que espantavam, é que se tornavam brutais e
[afrontosos.
Por essencial semelhança, pois a confusão entre os
[dois,

primeiramente os fazia um só, irreconhecíveis depois.
Exatamente por serem irmãos, cara de um, cara do
[outro,
era impossível saber com qual deles estava a razão.
Um se chamou Belfulgor, o outro se apelidou Fulgobel.
"Vinde, ó Tirésias, ó Circe, e todos os demais
[adivinhos".
Uns pelo lado esquerdo, outros pelo direito; chamei
[todos.
E perguntei-lhes, então, com palavras aladas, qual era
a solução que me davam. Como eu iria decidir, entre
duas formas de ser a mesma coisa. Entre duas faces
de uma esfinge partida em dois rostos iguais. "Se
[quisésseis
saber, de mim, qual o reino que, um dia, eu pretendo
[habitar,
se o país onde só existe a noite, e o outro, onde o Sol
[é que existe
eu saberia, de pronto, dizer; se depois me indagásseis
a que prefiro enfrentar, entre as duas máquinas
[terríveis
(a máquina de fazer chorar e a outra, de fazer rir)
eu saberia, por certo, como decidir entre as duas.

Porque passei, já, por elas, tomado de choro ou de
[riso.
A isso já me obrigou o nefasto desígnio dos deuses.

Já chorei pedras, em vez de lágrimas: também já me
[ri,
por decreto; acordei rindo, outra vez, entre rosas
[cirúrgicas.

E eu saberia dizer qual dessas máquinas me doeu
[mais.

Porém pergunto se o rio, metido entre margens
[opostas,
conseguirá decidir qual das margens é a que ele
[prefere?

Que diferença haverá entre dois canibais se um se
[chama
Belfulgor e outro, por simples retrolâmpago, Fulgobel?

Como, entre irmãos, tão iguais, haverá quem decida?
[quem possa,
vil criatura, dizer qual dos dois é o que quer para
[irmão?

E o coração, como irá — de tão frágil no peito dos
[homens
optar, um dia, entre dois lírios ou duas bombas
[atômicas?"

I – Juca Pirama
Outras perguntas me vieram à mente, imediatas e
[rubras,
como as que, sob o furor de algum vinho, alvoroçam
[a gente.
Onde uma noite mais densa? uma condenação mais
[vazia
que a do forçado a esta opção que o próprio Zeus
[não poderia
contornar? "De onde é que sois, ó monstros não
[terreais mas terrestres,
mas um sinistro outro destro? Afinal, que quereis do
[meu ser:
ser já de si tão inglório, já tão por si contraditório?"

Dês que comi, certa vez, na árvore do bem e do mal,
o doce fruto da noite entre dois escorpiões colocado
perdi a inocência, bem sei, mas fiquei iniciado na arte
de distinguir, entre coisas opostas, um fruto do outro.

Mas como agora optar, entre vós ambos, se me
[suprimistes,
no coração (suprimindo-o) essa árvore de pomos
[dourados?

Se dividis a manhã, que é uma só, em duas; tal como
[a um corpo
de mulher nua, cortada em duas rosas sangrentas, na
[rua?

(Ah, a difícil aurora, a que os mortos, banidos do dia,
estão pedindo no escuro, como numa mesa de jogo.
Não a dos dedos de rosa, não a do pássaro de fogo.)

Como quereis, finalmente, que eu me defenda se me
[sinto
um prisioneiro? Se sou obrigado a dançar tendo, à
[fronte,
um cocar rubro, que aí fareis pôr pelos vossos
[verdugos?
Feito de plumas tiradas ao gavião-rei e a outras aves?

Se me virão ver as gralhas, coroado de plumas
[vermelhas
que não são minhas mas postas em mim como
[símbolos?

Como palavras que eu não disse? E gostarão de ver
[a festa
que serei eu, obrigado a me olhar no fantástico espelho
que entortará o meu rosto e me fará dolorosa a cerviz?
(Triste, enfeitado com as plumas de uma confissão
[que não fiz)
Que serei eu, forçado a defender-me, a cabeça metida
sob as prismáticas penas de uma confissão que não
[fiz?
(Que adiantará defender-me se estou de antemão
[condenado?)

Que serei eu suicidando-me mas ressuscitado em
[seguida
e reposto, eu, mas com outro rosto, no tablado da
[vida,
para outra morte, que não será minha mas a que,
[por lei,
será morrida por mim, e morrida em feroz dicionário?

Eu enfeitado com as plumas de uma confissão que
[não fiz?

Circe em forma de borboleta

Os monstros de antigamente, gerados em noites de
[lua
e de magia, hoje estão no jardim, ou nos livros de
[cores
para crianças. Estão foragidos. Estão nos quiosques
e nos bazares. São feitos, agora, de seda e algodão.
Uma asa em cada ombro, uma flor, mas de feltro, na
[mão.

Ah, como são graciosos, agora, esses monstros de
[outrora,
quando, na estrada onde cruzam os homens, dois
[monstros nos surgem
em carne e osso, os de agora, dois rostos iguais a
[um só tempo,
um pelo lado esquerdo, outro pelo direito, e assim
[nos forçam
a escolher entre dois lírios, ou entre duas bombas
[atômicas!

Lembrei-me, então, de tocar, na flauta que trazia
[comigo,
uma canção sonorosa, uma ária — a do cravo e da
[rosa —

pra despertar-lhes no peito um instante, talvez, de
[ternura.
Que os animais, como as pedras, atendem ao som de
[uma flauta
mais que a qualquer argumento (isto, desde o começo
[do mundo)
Pois quanto monstro já ouviu, em silêncio, o gorjeio
[dos pássaros!
E quanto tigre, na toca, não se pôs a sonhar, a sonhar,
só porque viu, pelo vão de uma árvore, a camélia
[do luar!
Mas, não toquei minha flauta! Ao contrário. A escon-
[di com mão cauta,
num ramo em flor que colhi, por causa de uma azul
[borboleta
que começou a dançar, que era azul mas devia ser
[preta.
Não, não toquei minha flauta. Escondi-a, mas por
[simples cautela.
Se bem que, ouvindo-a, os dois tais (por não ser uma
[flauta qualquer
mas arrancada a uma perna formosíssima de mulher)
talvez quisessem saber seu segredo, e ficassem com
[medo.

Pequena oração aos brutos

Não; não toquei minha flauta; ao contrário, a escondi
[dos dois monstros.
E procurei ser sutil. E lhes disse as seguintes palavras:
"Já meu pai foi um gigante, um gentil caçador de
[onças pretas,
que submeteu muitos monstros e que — ele mesmo
[um antropófago —
não por maldade mas por gosto, e apenas simbolica-
[mente,
comeu a carne de tais monstros. E quem dirá se esses
[tais
de cuja carne o meu pai comeu, não eram os vossos
[pais?

Se me comerdes vivo, ó monstros de horrorosa figura,
e só porque não consigo decidir entre os dois, de tão
iguais que sois, como dois lírios ou duas bombas
[atômicas,
nem poderei dividir o meu coração entre vós ambos,
e porque o sangue de meu pai é que circula em minhas
[veias,

comereis a vossa própria carne, carne de vossos pais.
'Vous y trouverez le goust de votre chair, chair
[rosicler.'"

Que bom se, no meu caminho, eu encontrasse agora
[um objeto
perdido, só pela graça de o ir restituir a seu dono.
Estou com vontade, até, de fazer um discurso dizendo
que minhas palavras são mariposas no rosto das
[coisas.
Meu coração, hoje, está puro, está mais lírico do que
[nunca.
Não alimentará, portanto, aos que precisam ser
[ferozes.

Se o alimento é que faz as criaturas cordiais ou
[cruéis,
meu coração não será, com certeza, o alimento indicado
para manjar tão opíparo, porque é ele um cora-
ção tão cheio de ternura humana e de cordial
[democracia,
que perderíeis a vossa riqueza, que é o serdes ferozes
e passaríeis, suponho, a chorar como choram os
[fracos.

Como choraram um dia as terríveis bacantes, já
[bêbedas,
de desespero, e depois de já terem comido, raivosas,
o corpo a Orfeu, sem saber que o que haviam comido
[eram rosas...
Ó vós, que sois os heróis da selva, nunca ouvistes
[falar
na história do elefante, o estúpido, que comeu um
[rouxinol
e começou a gorjear como se fosse um pássaro, ao
[sol?

O interrogatório

Assim a ambos falei e, verdade, os dois monstros me
[olharam,
apreensivos, ouvindo as palavras aladas que eu disse.
Receando me comer vivo, pra não desfolhar seu
[segredo
que era o segredo de um reino. Ah, que seria de dois
[tigres
a quem as garras se abrissem em flor, como azuis
[açucenas?
E os dois Gigantes falaram, ao mesmo tempo: "de
[onde vieste?"

— Vim do país onde mora Iracema, a dos lábios de
[mel.

Eles se riram. "E a tua língua?" então eu lhes respondi,
em esperanto, que a minha língua era a única em
[que existe
uma palavra, saudade; e de novo eles riram e riram...

"Quem és tu?" me perguntaram. "Mostra-nos tua
[caderneta
de identidade, uma prova, qualquer, de que tu és tu
[mesmo.
Mostra-nos onde está escrito: 'tem olhos azuis, cor
[morena'."

Decisão entre o osso e a flauta

E enquanto os dois se dispunham a ler a palavra
[Iracema,
e a outra, a mais portuguesa, a divina, a agridoce
[saudade,
e conferiam a cor dos meus olhos, olhando-os na
[ficha
de identidade "um índio? como os seus olhos
[poderão ser azuis?"

outro recurso me acode, inda mais eficaz pra entre-
[tê-los.
A minha flauta joguei-lhes — um osso, jogado a dois
[cães.
(A flauta que eu escondera, por uma questão de hora
[exata)
E enquanto os dois se atracavam por causa da flauta,
[dotados
de uma só fome, qual se possuíssem uma única boca
(ou por quererem, ao certo, uma só coisa; ou por
[ignorarem
que ambos queriam a mesma coisa, sem razão pra
[tal fúria)
enquanto os dois se feriam de morte por causa de um
[osso,
que abandonaram no chão, de tão cegos na sua
disputa, pude salvar, ainda, a flauta; e eu, e os demais
[companheiros,
eu e os trinta egipãs, um atrás do outro, a tocar trinta
[flautas,
tomamos, todos, a nau pintalgada de branco e de
[preto.
Bem me falara o adivinho: a multidão, cruel ou
[incauta,

verá em ti, não um simples pastor modulando uma
[flauta
pelos caminhos em flor mas um cão agarrado ao seu
[osso.
Bem me falara o adivinho: "se a tua flauta, por ser
[de osso,
não te salvar na hora extrema, te salvará o osso da
[flauta."

Continuação da viagem

Não era essa a manhã que procurávamos, argonautas,
mas uma outra, a difícil aurora, a que mora no
[espelho,
ou em nós mesmos, aquela que não se sabe onde
[mora.

Não a dos dedos de rosa, não a que mora no himeneu
dos pombos, não a que o céu nos envia ao começo do
[dia
nem a da ilha de fogo, onde tudo era Sol e mais nada.
Mas uma outra, a difícil aurora, a que Deus anuncia
desde o começo do mundo, mas que não se sabe onde
[mora.

Enfim, aquela que os mortos estão reclamando no
[escuro,
e nós, os vivos, iremos de novo buscar aqui fora,
de céu em céu, por todo um oceano de safira e de
[iodo,
mas como cegos, porque ninguém sabe, até hoje, onde
[mora.

E o dia inteiro, lá fomos rasgando um azul furtacor,
até alto mar, perseguidos, então, por um disco
[voador.

O ARRANHA-CÉU DE VIDRO

O ARRANHA-CÉU DE VIDRO

A água do Dilúvio

Impossível descrever a tormenta
sobre a cidade, sobre o arranha-céu de vidro.

A hora do pânico.

Uma cintilação crua e os fios da iluminação pública
                                                   [e do tráfego
síncope das palavras.

As ruas são rios, as casas dos pobres
nadam como peixes nos alagadiços, rosa d'água
que tombou do ar em pétalas de fogo.

(Os jornais naturalmente publicarão amanhã a foto-
        [grafia do transeunte que a enxurrada
        [engoliu pela boca de um cano de esgoto.)

Mas surge o arco-íris, grande flor celeste,
girassol fantástico sobre o arranha-céu de vidro.

Arco-íris que fugiu da fábula e da Bíblia.

O arco de aliança, o sinal do armistício
assinado entre Deus e as suas criaturas.

Arco no céu, e íris em nossos olhos
pra nos lembrar que ainda somos náufragos.

No céu o arco-do-triunfo, em nossa íris
a água do Dilúvio
que nos escorre pelos olhos, até hoje.

Festa náutica

Ou porque a tempestade, hoje,
perdeu o prestígio da fúria.
Ou porque uma faísca elétrica,
inesperada, não é mais tétrica
que uma cadeira elétrica, à hora exata.
Ó bárbara que se tornou santa,
ó santo irmão do lobo.

Ou porque as grandes fúrias
da natureza serão sempre pequenas
diante da tempestade
que os laboratórios de faísca anticeleste
fabricam em silêncio.

A tempestade sobre o arranha-céu de vidro
é uma palavra só, esférica.

Que haverá de mais mil e uma noites que o arranha-céu de vidro cintilando — do que cada relâmpago o transformar numa rosácea de ouro? Parece que está havendo dentro dele uma festa náutica.

O CACTO

> *This is cactus land.*
> *Here the stone images*
> *are raised...*
>
> T. S. Eliot

Vamos, todos, brincar de cacto
na areia da nossa tristeza.
Uma folha sobre outra,
em caminho do céu intacto.

Uns nos ombros dos outros,
um braço a nascer de outro braço,
uma folha sobre outra,
formaremos um grande cacto.

De cada braço, já no espaço,
nascerá mais um braço, e deste
outros braços, qual ramalhete
de flores para um só abraço.

Filhos da pedra e do pó,
fique aqui embaixo o nosso orgulho,
pisado sobre o pedregulho.
Formaremos, num corpo só,

(uma folha sobre outra
uma folha sobre outra,
um braço a nascer de outro braço)
a nossa escada de Jacó.

Pra quê torre de Babel
ou o Empire State, compacto,
se, uns nos ombros dos outros,
chegaremos ao céu, num cacto?

Uma folha sobre outra
e já uma árvore de feridas
por entre os anjos de azulejo
e as borboletas repetidas.

Que fique aqui embaixo a terra;
lá de cima nós tiraremos
uma grande fotografia
do seu rosto de ouro e prata.

Pra provar a Deus que a terra,
numa fotografia exata,
não é redonda, mas chata;
não é redonda, mas chata.

Pra provar, por B mais H,
que o homem, animal suicida,
já sabe fabricar estrelas...
Se é que Deus disto duvida.

Que iríamos fabricar luas
(se não fora, para Seu gáudio,
o espião nos ter furtado a fórmula)
mais bonitas do que as Suas.

Vamos, todos, brincar de cacto,
uns nos ombros dos outros,
um abraço a nascer de outro braço,
uma folha sobre outra.

Vamos subir, de folha em folha,
mais alto do que vai o avião.
Lá onde os anjos jogam pedras
no cão da constelação.

Que outros usem avião a jacto
pra uma viagem em linha reta:
nós, filhos da planície abjeta,
subiremos ao céu num cacto.

Uns nos ombros dos outros,
injustiças sobre injustiças,
formaremos um verde pacto...
Vamos, todos, brincar de cacto.

Vamos, todos, brincar de cacto.

POEMA EXPLICATIVO

*(De como Zarafa percorreu a
cidade, na manhã de hoje)*

1
Zarafa, gentil de se ver,
com seus cinco cornos dourados,
quatro maiúsculas na testa.
(No corpo, um mapa.)

Cabeça errante, no ar situada.
O pescoço descomedido
mais longo que o da Bem-Amada
no Cântico dos Cânticos.

Entre as árvores da avenida
ei-la com o povo a caminhar.
Tão comprida que a sua fronte
alcança um 20º andar.

"Responde-me, dou-te uma rosa:
És mesmo uma girafa viva
ou, na cidade sem sossego,
um erro de perspectiva?"

2
Não se sabe de onde ela veio.
Se da Bíblia, se da Fábula.

Se do Senegal, se da Núbia.
Se do arquipélago grego.
Se de um Ciclotron, se da Pérsia.
Se de algum outro planeta.
Só se sabe que era impossível
caçá-la como borboleta...

Muito menos submetê-la
como se submete uma estrela
da Ursa Maior ao nosso olho,
quando a noite é azul-violeta.

"Responde-me, dou-te um jasmim:
O mapa que trazes no corpo,
salpicado de rosa dúbia,
é um mapa da Pérsia, ou da Núbia?"

3
Jogam-lhe então frutos vermelhos,
para desviá-la do seu rumo.
Não adianta, Zarafa tem
a cabeça e o pescoço a prumo.

Não os pode colher, no asfalto.
Conforme o que é estilo e uso.
A não ser que abra as duas patas
dianteiras, em ângulo obtuso.

Mas abrir-se toda, tão fácil,
será elegante, porventura,
a uma girafa do seu tipo,
do seu sexo e compostura?

O Gabinete então se reúne
(florido como um ramalhete)
no salão nobre da República,
para manter a ordem pública.

"Que objetos escondidos levas,
Zarafa, em teu ventre mosqueado?
Um contrabando de jóias?
Um lírio? uma bomba? um soldado?"

4
Porém a girafa mecânica
achou graça no Gabinete.
E marcha, outra vez, pela rua,
como um animal sob a lua.

Nem lhe adiantam também os nomes
que lhe dão, camelo pardalis,
girafa peralta (ou pernalta)
como rótulos de garrafa.

Não lhe alteram a substância,
a graça lírica; e as crianças
a acharão linda, quer se chame
Zarafa, Zirafa ou Girafa...

Dizem que algo no céu ocorre
(talvez por secreta lei)
quando um Rei manda, de presente,
um elefante a outro Rei.

Que se dirá de uma girafa
que altera, de modo tão brusco,
a idéia azul do horizonte, a
réplica do encanto e do susto?

Até que — gentil monstro bíblico —
com pasmo do público, absorto,
se ergueu nas patas de trás
(parecia um arcanjo torto.)

E começou a tocar flauta
diante do povo, a tudo alheia.
Com a certeza, o ar tranqüilo de uma
fatalidade que gorjeia.

5
O Gabinete então se reúne
dentro de uma grande ode pânica
e interpela, com azedume,
Zarafa, a girafa mecânica.

Mas Zarafa, Girafa ou Zirafa
lhe responde: gente incauta!
Não sabeis, então, que o mundo
foi feito ao som de uma flauta?

A DEGOLAÇÃO DOS INOCENTES

Um fio lucidíssimo que corta
e já o sangue quente, não se sabe de onde,
nos tinge a mão, subitamente.
Que corta, sem fazer sentir.
Um frio relâmpago e já a dor não consciente.
Já a ferida que não dói, a mais fina,
a que sorri no escuro chinesmente.
Um gesto súbito e já todos os lírios
estão cortados,
não houve tempo de os recolher para um ramo
como o que enfeita o cajado dos santos
ou o cetro dos reis, nas gravuras.
Uma cintilação crua e já o corpo
em orvalho vermelho,
sem a flor da cabeça, já a lanterna caída,
e oferecida ao banquete dos cegos.
E já os anjos degolados, cujos rostos,
sobre fundo azul,
cercam agora os pés da imagem.

MONTANHA RUSSA

MONTANHA RUSSA

já o ser inquieto não
está em nenhum lugar
porque a inquietação já
é uma forma de não
estar nunca estaR

que se dirá então
do ninguém que mora
em mim por não ter não
onde morar
na terra no ar no maR

quem imagina não
está em si somente
nem somente onde está
está de repente
sem cuspir nem porvir
numa montanha russa
só pelo prazer
perpendicular
de subir e caiR

ó meu distante amor
quando eu passar espera-me
na tua porta não

te poderei beijar não
só terei tempo para
na paisagem em fuga
entre areia e sal
te deixar na mão
uma floR

Espera-me na porta
se estiveres na lua
maria azul luz clara
quando eu passar como
um peixe voador não
terei tempo para
te ofertar sequer
uma floR

só terás tempo de dizer
como a mulher de Arvers
que louco é este
que chegou da terra e não
me trouxe sequer
uma floR

PARQUE DE DIVERSÕES

Se fugimos,
pensamos que as estrelas é que fogem
conosco.

Supomos que as árvores correm, quando nós
é que corremos.

Ou que as cidades giram
em torno de quem somos, quando nós é que
giramos,
rodando-nos e transladando-nos.

Quando se imagina que o céu dança, quem dança
é o navio
sobre a sinusiosidade anilmarinha da onda.

E cremos conduzir as coisas, os objetos
quando eles é que nos conduzem nesta viagem,
ao revés.
(Rodando-nos e transladando-nos).

E escrevemos nos vidros, por dentro,
palavras que serão lidas por fora,
em sentido contrário ao que queríamos
dizer.

O céu nos calça asas involuntárias
nos pés.
E pra fotografar a terra em que vivemos
voltamos a objetiva contra nós, e vemos
o seu rosto de mãe em prantos.

Até que, na fronteira, adormecemos.
Num horizonte que é sinônimo de sossego.

E a vida, que ficou lá fora? Continua
rodando-nos e transladando-nos.

A VIDA É VENTRÍLOQUA

A João Acioli

A vida fala,
dentro da caverna.
E eu lhe digo as palavras
na sala.

A vida é chama,
num quarto escuro.
Mas eu é que lhe seguro
a lanterna.

A vida está em casa.
Mas é sua, só sua,
a ordem que eu cumpro
na rua.

Ó vós que ides passando,
atendei e vide!
É a vida
quem me agride.

Quando a vida chora,
em mim, ou lá fora,
como é difícil
manter o olho enxuto.

Como suprimir
nexo ou memória
entre a causa e a pausa,
entre a flor e o fruto?

A vida é ventríloqua.

Sou o seu boneco,
falado ou escrito.

A vida dói
e eu grito.

BALADA Nº 1, PARA VENEZA

O barco abre líquidas brasas,
risos de sol, no azul velho,
sujo como todo azul ilustre.

A cidade é uma ave lacustre
que trouxe o céu para a água,
com as suas asas de casas.

Entre janelas opostas
debruçadas sobre um espelho
de perguntas e respostas.

Noiva que ficou sem casar,
os ombros cheios de pombos,
o véu em renda de már-
                more.

Por que é celibatário, o mar?

ESTAR, OU NÃO ESTAR

A Stefan Baciu

Estou neste meu quarto, que é o meu barco
ancorado no rio das horas.
E sei que estou aqui. Porque vejo, lá fora,
a noite, feérica, girando em seu eixo.
Árvore de tronco fixo e estrelas móveis.
Não tenho dúvida sobre estar em meu quarto.
Aqui estão os objetos do meu uso. O meu
criado-mudo, a minha "Máquina de Explorar o
[Tempo",
o meu rádio, e uma xilogravura de Goeldi:
um peixe, a duas cores.

E tenho os pés no assoalho.
Porque o assoalho me dá uma sensação dura, e física,
de um homem consciente do chão em que pisa,
sem flor nem saudade.

Estou aqui, mas estarei (mais veridicamente)
na lua, ou no "sputnick" que passou pela décima vez
sobre eu estar aqui.

Nesta atmosfera nuclear, mágica, espessa.
Ou nesta sensibilíssima e dourada chuva
radioativa.

Que me altera, já o significado das palavras,
quando falo ou escrevo.

Um homem que discute com outro, lá longe,
fala de mim, sem saber que eu existo.

Entre duas bombas de hidrogênio
o meu coração bate sem nenhum direito de opção.

Que adianta o meu estar aqui?
Pois não dependo, apenas, de uma dor de cabeça
na cabeça de um dos grandes,
ou do sorriso de uma dama de espadas?

A FÍSICA DO SUSTO

O espelho caiu da parede.

Caiu com ele o meu rosto.

Com o meu rosto a minha sede.

Com a minha sede o meu desgosto.

O meu desgosto de olhar,
no espelho caído, o meu rosto.

UM GRANDE ANJO CHIM

"Não fale mais
em coisas belas,
em fadas, em bichos,
em velhos caprichos
etc.

Fale só em saudade".

Assim, agílimo,
um grande anjo chim
cortou-lhe a cabeça
com a sua espada
de espadachim;
mas tão sabiamente
que ele nem soube,
e continuou falando
em coisas belas,
em velhos caprichos,
em fadas, em bichos
etc.

Assim quem ignora
que morreu, o motivo
por que passou o tempo,
e não viu a hora;
pensa que está vivo.

Assim o ramo seco
depois de cortado
ainda dando flores.
Assim o boneco
que, depois de quebrado,
se conserva rindo
pela boca das cores.

Ó meu irmão,
não te rias assim
do que já morreu
e pensa que não.

Quem nos dirá
se nossas cabeças
douradas, ou travessas,
já não estão cortadas
por algum anjo chim
com a sua espada
de espadachim,
e com tais extremos
de delicadeza
que não o sabemos?

E continuamos
falando, ainda,
em coisas belas,
em coisas práticas,
em fadas, em bichos
etc.

(Como enormes crianças
automáticas.)

MAZEPA

Pra levar o meu potro
no mais doido galope
um ramo de roseira
será o meu chicote.

O ar ficará cheio
(a cada rosetada)
de pétalas — feridas
das rosas suicidas.

Cada patada em arco
no fixo horizonte
fará nascer um barco
e, na pedra, uma fonte.

Respiro (longo hausto)
o ar das suas narinas.
A sua ferradura
é a minha terra dura.

Agarrado às crinas
do Pégaso de ferro
vou de um país a outro
na asa do meu potro.

Sem rédea, nem enredo,
o azul se desenreda
na vertigem do gozo,
no mapa da queda.

Tanto pra conversar
com o anjo futuro
como, no chão, com o ofídio
belo e lustroso.

E tanto colho a flor
no alto do seu galho
como rolo ao abismo,
incor, de hidro vidro.

Então beijo na boca
o vento que me trouxe
e depois suicidou-se
na sua rosa-múndi.

Subir, forma de ave
com pés de memória.
Cair, a única lei
que me torna grave.

O CÃO E O CACHORRO

I

Não galgo, olho azul,
fidalgo.

Mas um simples cachorro.
Já seco.

Não cão
de uma constelação.

Mas um simples cachorro
de beco.

Não um cão do rei
Artur.

Mas um simples cachorro,
"tout court".

Já reduzido a um osso,
de magro.

Osso comendo um osso:

O osso que ele é,
por fome;

e o osso que ele come.

II

O fim
do mundo será assim:

à míngua,
e já em outra língua.

Um cão
que se fez cachorro.

Roendo um alvo osso
no beco.

(O seu derradeiro
almoço.)

De quem será esse osso?

O BOI DE JIM HULL

1
Que farei, agora?
Montar meu Boiazul.
Ontem, touro espanhol.
Hoje, sem o adorno
das duas hastes de sol.
Que não, mas que foi.

2
Quero sair a campo
montado no meu boi.
Fulva crina postiça
e um saiote a enfeitá-lo.
Pra fingir que não.
Que é um gentilcavalo.
Ou um hipo do campo?

3
Montado no meu boi,
irei ver se caço
— a cutelo ou a laço —
nesta babilônica
floresta de cimento
o acontecimento
que está solto, na rua.

4
Matarei as palavras
que encontrar no caminho,
cujos significados
me amarguram tanto.
Reduzindo-as a simples
frutos desidratados.
A copos sem vinho.
A olhos sem pranto.

5
O acontecimento
canta como um galo
no quintal do vizinho.
Ou zurra — urso de cor —
na galeria azzurra.
Mas irei caçá-lo.
Galo, urso, o que for.

6
Só assim viverei,
graças ao sol e à lua,
como um pequeno rei,
num mundo sem jornal,
sem notícia, sem sal,

num país taful
que é o mundo do nenhum
acontecimento.

7
E, dito isto, Jim Hull
ouviu cantar o galo
no quintal do vizinho.
Que aconteceu? Que foi?
Não foi nada. Uma flor,
objeto indireto,
na ponta de uma lança
e ei-lo, lesto, montado
(borrifado de sonho)
em seu Boiazul.

8
Boiazul é o boi
do otimismo risonho.
Boi de quem sai à caça
do acontecimento
que mora nesta rua.
E que pensa voltar,
trazendo, na garupa,
o couro de um tigre.

Upa, meu boi, upa!
Mas traz uma tulipa.

9
Boiazul é o boi
de quem só vê o azul:
o azul do que foi,
o azul falso do escudo,
da onda, da montanha,
e que só vê o não
acontecimento;
o não sol, o não vento.
É o boi de Jim Hull.

10
De quem só vê no campo,
olhos de pirilampo,
mastigando pequenos
objetos gráficos
o seu boi beautiful.

11
Boi sem chifres do não
acontecimento,
do não sol, do não vento.
O seu boi que foi.

12
Mas quem não tem, em casa,
por excesso de azul,
o seu boi de Jim Hull?

FESTA NO MORRO (PANTOMIMA)

1
No alto daquele morro
tem uma palmeira
que já foi princesa.

Mas um "m" de fogo,
caído do Zodíaco
sobre sua Alteza,
cortou-lhe a trança verde.
Ficou-lhe, só, o osso.

(Tristeza pernalta.)

No alto daquele morro
como em cruel esboço
da condição mais vil,
vista de perfil,
tem apenas, um osso.

No mar, um barco
que chegou da China
(barco de um pirata?)
enfeitado em arco.

No alto daquele morro
tem a pequena banda
de anjos descalços,
cornetas de lata
(áspera serenata).

(Pequenos anjos falsos.)

2
Mas tudo sem palavras.
Só gestos, cor e sombra.
(Pantomima.)

Que adianta alguém, lá em cima,
gritar por socorro?

Só se vê a silhueta
da palmeira tísica
na estampa do morro
(metáfora física).

O mais são figuras
sem nenhuma fala.
Gente semovente
mas de quem não se ouve
a alegria, o protesto,
o que há, o que houve.

A cidade grande
é quem fala alto.
O mar wagnerdoudo
toca piano no asfalto.

3
Palmeira, agora osso,
mastro de S. João
bandeirola alva
ao vento, agnus Dei.

Agora simples osso
de palmeira estrita,
ei-la na paisagem
de lápis-lazúli,
o corpo besuntado
de óleo liso e grosso.

Palmeira segurando
na mão seca,
erguida para o céu,
uma moeda de prata.

Moeda que algum magnata
em visita ao morro
(manipanso, prognata)
pra se divertir
fez amarrar lá em cima

(uma moeda de prata
na mão de um faquir)

para que os garotos
vão buscá-la, brincando
de subir e cair
no chão sem solução.

4
Mas seria mesmo
uma moeda de prata?
ou um olho de prata?
arregalado, olho
da fortuna, burguês,
olho arregalado
de um bezerro de prata

que surgiu de repente
mas ficou escondido
na paisagem de lata?

Há três dias a cena
é a mesma, a mesma, a MESMA.
Os meninos magros
sobem, uns atrás de outros,
ao osso da palmeira,
viscoso como lesma.

Anjos de cara torta.
Filhos de um céu bêbedo
e de um vão de porta.
Chilras flores bulhentas,
bonecos de engonço,
meninos sem Deus

(olho de prata, prata!

olho de prata, prata!)

em alado esc'ar'céu
de esc'alar o céu.

Uns suados, e rotos,
sujos de graxa e pó,
outros equimosados
já de tanto subir
a escada de Jacó,
já de tanto cair
do esqueleto preto
no solo sem acústica.

5
Chuva caindo na água
como um pássaro líquido
que não quer voar.
Tarde descendo, rústica,
lacrimodourada.
Lusco, um sol molusco
escorrendo do morro
pra morrer em sal.

Noite vindo, afinal,
como um pano de teatro.
Um grilo, petigrilo,
grilindo, na sombra.

Os moleques dormindo,
sonhando alto no chão
das mil e uma noites.
Entre a moeda, olho
de um bezerro de prata,
suspensa, lá em cima,
e o pirata
que chegou da China.

6

    Hoje
    jornal das cinco
    pássaro de papel
    porta sem trinco

letras

        pretas

sangue

            preto

anjos

        morro
        morr'ido

    garotos
    trom'betas
    de lata

    fotografia
    (close-up)
    da moeda de prata
    lá em cima

            belo
            belo

    olho de um bez'erro
    de prata

olhando

ent'erro

7
No alto daquele morro
tem uma palmeira.

A DIFÍCIL MANHÃ

A DIFÍCIL MANHÃ

Vontade de mandar lembrança
a alguém que não conheço.
Que mora atrás do mundo espesso.
Onde a árvore da esperança
ficou sendo minha antípoda.

Quando um dístico, pra ser lido,
(por todos) de um e do outro lado,
como uma grande luz azul,
me anunciará:
aqui é que começa o país
da esperança?

De modo que a esperança aí comece
e não termine, por estar,
durante a noite inteira
(como uma grande l u z a z u l)
escrita num e no outro lado
da fronteira.

Quando a manhã, não a manhã
que chega sempre tarde,
mas a que chegará à tarde,
à noite, a qualquer hora,

porque não obedece ao céu
                    nem a relógio,
virá?

O relógio
soluça como um pássaro
em meu bolso.

TROFÉU

A máscara que usei, de gesso
— a minha máscara de ganhar a vida —
está largada, agora, entre bugigangas sem uso,
a um canto da parede.

A máscara da fome, a da sede. Máscara
de rir por fora e de chorar por dentro.
Já inútil como um passarinho morto.
Metáfora facial, já sem nenhum sentido.
Sem músculos, por falta de oxigênio.
Reduzida a uma condição de simples objeto
indireto.

Mas não é o mundo uma arte de dar outros nomes
[às coisas?
Um catálogo de figuras e de preços?
Máscara que poderá servir, ainda, para a preta
[Inocência
guardar nela o seu novelo (azul) de lã,
o seu ramo de cravos de defunto, os seus
óculos.

Ou, atirada a um canto — como está —
poderá ser o subterfúgio, talvez, de uma aranha
[vermelha,

ou de um rato prateado.
Desses que há, sempre, numa casa pobre.
E que entrarão e sairão pelo olho que foi olho.

Ou — quem sabe? — será, ainda, um vaso
para algum líquido ouro, em jacto vivo,
que o menino da rua, aí, derramará
(assobiando).

A MEDUSA DE FOGO

A Cândido Mota Filho

A simples bulha surda
do meu coração batendo
poderá te acordar.
Mesmo a penugem da lua
que cai sobre o ombro nu
das árvores, tão de leve,
poderá te acordar.
A simples caída da bolha
d'água sobre a folha,
por ser fria como a neve,
poderá te acordar.
Só porque a rosa lembra
um grito vermelho,
retiro-a de diante do espelho
porque — de tão rubra —
poderá te acordar.

E se nasce a manhã,
calço-lhe logo pés de lã,
porque ela, com seus pássaros,
poderá te acordar.
Mesmo o meu maior silêncio,
o meu mudo pé-ante-pé,
de tão mudo que é,
não irá te acordar?

Ó medusa de fogo,
conserva-te dormida.
Com o teu fogo ruivo e meu,
qual monstruosa ferida.
Como data esquecida.
Como aranha escondida
num ângulo da parede.
Como uma água-marinha
que morreu de sede.

E eu serei tão breve
que, um dia, deixarei
também, até de respirar,
para não te acordar.
Ó medusa de fogo,
dormida sob a neve!

ODE (P) FLUVIAL

A Osmar Pimentel

Ainda há pouco me indagou Iná
porque amo a água, porque adoro a chuva.
Porque a água — melhor que qualquer vinho —
   me dá
(lhe respondi) a sensação do nu,
do lúbrico, da lágrima; de que há,
em mim, algo marinho, algo de sub-
   marinho.

(Água que é uma palavra gutural,
mal pronunciada, em sílabas de bolhas.
Que borrifa de sal as línguas grossas
   das folhas.)

Ah, os peixes de olhos líquidos nadando
não num quadrado azul mas no azul virgem.
As orquídeas no galho com gorjeios
   de orvalho.

Tonto de Sol, sob um céu de heliotrópio,
busco o sítio onde nasce a água sem mágoa.
A água tão pura que ignora o friso
   de um copo.

Vou caminhando, escuto uma ave, melro,
rola silvestre, ou bem-me-viu, cantar.
E eis (sinal bíblico) um arco-íris solto
      no ar!

Nasce a manhã, da fonte; é linfa e ninfa
que se beija na boca, em sua origem.
A manhã não é filha do sol; mas
      de fonte.

Manhã em bilha ou barro e ainda não
suada ou chorada, a um canto da parede.
Depois, que é a vida? um cacto que se nutre
      de sede.

(Então Iná — iara do Iate Clube —
braços em flecha terminando em flor,
mergulha na água, e a água lhe toma a cor
      do corpo.)

SILVANA

Ando agora alheio ao tempo,
incréu que fugiu do templo.

Tanto me faz sol ou chuva,
tarde triste ou manhã fulva.

Sou o agreste pirilampo
que te segue pelo campo.

Por pensar que é noite grega
tua cabeleira negra.

Em faina tão erradia
és, pois, o meu noite e dia.

Quisera agora estar dentro
do teu ser, ó flor de coentro.

Não pra beber tua mágoa,
silvana dos olhos d'água.

Não porque a buscar me afoite
a manhã se ainda é noite.

Nem pra ser o pirilampo
que ao te ver se inquieta tanto.

Mas pra saber que horas são
no teu breve coração.

Pois nele, que o tempo ignora,
marcada está minha hora.

MAFAGUIFO

Mafaguifo tem o hábito
das palavras em grifo.
Mafaguifo grifa muito
tudo quanto me diz.

E quando um bem me faz
grifa que me fez feliz.
Grifa bem o que me fez,
com olhos de logogrifo.

Numa grande hora amarga
me enxugou uma lágrima;
mas sublinhou o favor
com o seu lápis de cor.

Mafaguifo, outro dia,
por que me deu um cravo,
grifou o seu presente
só pra me fazer escravo.

E quando bebe vinho,
sem perder um borrifo,
apesar da mesa lauta,
grifa a palavra vinho.

E quando dá uma esmola,
na rua, com mão cauta,
grifa a palavra esmola,
pondo-se a tocar flauta.

DEPOIS DE TUDO

Mas tudo passou tão depressa.
Não consigo dormir agora.

Nunca o silêncio gritou tanto
nas ruas da minha memória.

Como agarrar líquido o tempo
que pelos vãos dos dedos flui?

Meu coração é hoje um pássaro
pousado na árvore que eu fui.

POEMA ANTI-COR-DE-ROSA

Esta a manhã que mais detesto, a cor de rosa.
A dos dedos de rosa.
Assim chamada, e que me obriga, ainda hoje,
a roer o osso do meu velho almoço.

O rosa (não a rosa)
é sempre a cor com que os burgueses
pintam suas manhãs — porta por onde
fazem sair à rua o lixo da riqueza, os restos
do banquete de mais um dia errado.

Cor de rosa, o inocente convencional
dos anjos ricos.

(Os anjos que eu amo são os pobrezinhos
vestidos de preto, não os cor de rosa.)

Que adianta uma manhã que se diz cor de rosa
mas que de rosa só possui a cor?
(Ah, a minha aversão por tudo quanto é cor-de-rosa.)

Quero a outra! a que estamos construindo.
Sem corderrosismo. Uma manhã que nunca
nos foi dada.

Mas com gosto de sal e odor de suor,
sentenciada, e cumprida.

Uma manhã que será transmitida, um dia,
mesmo que o seja por um vão de grade,
ao que, depois da nossa vida, venha;
depois de nós, como — na extrema hora —
uma senha.

Uma manhã, espécie de segredo
mortal, que se construiu a vida inteira.
Rosa terrivelmente anti-cor-de-rosa,
que só se conta à hora da despedida,
ao irmão que, sem temor de se comprometer,
nos acompanha até a fronteira.

EPITÁFIO

Palavra
que lavra e escalavra.
Que tanto é lavra (ouro)
como diamante (em vidro)

Palavra
tanto alvar como parva,
como lavra. Palavra
dada ou negada; larva.

A hora é de enterrar
palavras.
E dar novos nomes
Às coisas e aos seres.

Um silêncio exaustivo
como o minucioso
silêncio das formigas
cai da noite (sereno)

Dói-te a fulva máscara
com que atravessaste
a rua ainda quente
de sol, em crivo.

Ah, cada dia é um jogo
de facas e palavras.
Ao fim de cada tarde
come-se um pão de fogo.

Brilha, em teus olhos,
a areia acre das horas.
Um luar filtrado
— luar de carestia —

escorre das árvores
sobre a tua cabeça.
É a hora de enterrar
os ossos do dia.

Até que vais dormir
costurado na treva.
A memória é uma tinta
desbotada, ex'tinta.

Um bando de grilos,
presos, surpresos,
te saudará, agora,
na gaiola de relva.

DESENHO RUPESTRE

g

ૡ

Título:
A CIGARRA E A
      FORMIGA

CAMPANÁRIO DE SÃO JOSÉ

(para ser repetido três vezes, na leitura)

Quem
não
tem
seu

bem
que
não
vem?

Ou
vem
mas

em
vão?
Quem?

SERENATA SINTÉTICA
(1947)

    lua   morta

        rua   torta

        tua   porta

ROSÁCEA

Mandei, enfim, construir esta rosácea
por onde a claridade entra, furtiva,
em meu ser interior. E é chama viva,
lá por fora; aqui dentro chama escassa.

Salpicada de azul e sol de acácia.
Rosácea — grande flor introspectiva.
Para que — oculto em mim — eu também viva
em contacto com a rua, e com quem passa.

Oculto em mim, sou transparente e ausente.
Homem oscilo entre o fruto e a serpente.
Os vidros da manhã, sangüínea ou turva,

são lentes de contacto, multicores.
Pelo lado de fora, choram chuva.
Pelo lado de dentro, choram cores.

LUA — 1830

Um luar de rua, a que as casas do trópico
dão estranho relevo e geometria.
Um luar, feito bem mais com a cal das casas
do que com a sua própria essência fria.

O anjo da meia-noite parecia ter posto,
ao ombro, uma asa branca, de alvas brasas.
Asa branca — maior do que ele mesmo.
Asa que ele só põe, no mês de agosto.

Bem pouco falta pra que o transeunte
já resida na Lua, em meio ao luar da rua.
E ainda que me resfrie, ou mal pergunte,

me dá vontade de indagar porque (do meu vizinho)
não fazes uma serenata, sob um luar,
assim, de 1830 e prata?

JEREMIAS SEM-CHORAR

7 RAZÕES PRA NÃO CHORAR

1
O mundo do terror
e do encanto
me obsta o pranto.

2
Subtraído à lei
da gravidade
    perdi a noção
    do que é grave.

3
Um coice de cavalo
no comício
e eu — Jeremias seco —
olho de vidro.

4
A cidade mecânica
    timpânica
me fez um objeto
concreto.

5
Uns mataram a sede
no suor dos outros.
E eu fiquei sem água
nem sal.

6
A seca,
lacrimossedenta,
bebeu meu poço.
E agora?

7
A lágrima é ridícula.
Um homem não chora.

PÁSSARO NO CHAPÉU

1
O mundo automático:
                a fábula.
E eu, entre o obséquio
e o suicídio.
Sem o sal da lágrima.
Um pássaro pousado na aba
do chapéu. Mãos no bolso.

Um mágico? um jongleur?
Só eu sei o prodígio
de contenção dos nervos
pra não tirar as mãos
              do bolso.

2
Entre os pés e mãos
nascidos em meu corpo, não
por enfeite mas
           por precisão
e o mundo que é hoje uma
escada rolante
sem precisão de pés
           e mãos.

Entre o não ser preciso
e a precisão precisa-se
de terra, precisa-se
de pão, precisa-se de uma
                rosa,
entre a sede física e a
maravilha nuclear, entre
UU e SS que me cercam

na rua, no comício, entre
ser canário e lesma
que não sai de si mesma,

num globo que é meu
pelos "mass media" e não
é meu, porque não;
              entre
a precisão da máquina
e a minha precisão;

entre duas palavras iguais
a precisão e a precisão,

como ser neutro,
um pássaro pousado na aba
do chapéu, mãos no bolso?

3
Por acaso estou vivo.
      Apenas sujeito
a um jogo ocidental
e acidental de palavras.
Linha tensa entre o ato
e o não-ato.
      Agora é Grace
quem oferece, ao Príncipe,
          um pássaro.
Justamente e que eu levo
na aba do chapéu.
Como o defenderei,
        as mãos no bolso?

Há um ludíbrio
em cada ato (ex'ato)
        que cometo.
Pra manter o equilíbrio.
Mas, como ser neutro?
Como chegar ao céu.

               um pássaro
          na aba do chapéu,
as mãos no bolso?

Meu destino mais frágil
que o fecho de uma rosa
              (de vidro)
Minha vida não mais
que uma bolha de nível.

MULTIPLICAÇÃO DOS PEIXES

Súbito
   uma rede de pescador e toda uma população piscosa
pulula entre o xadrez da malha
e o das escamas, numa só escumalha.

Nunca tanto xis de tanto peixe.

Um deles, com a cauda em repuxo,
se conserva vivo por mais tempo ao sol.

Vivia, há um minuto,
     dentro d'água.

          Movendo-se

livre e belo

(e esse minuto trêmulo ainda lhe cintila
no dorso, ainda molhado).

PÃO & CIRCO

1
Uma rosa-dos-ventos, vesga.
E eu circulo entre uma nesga
de chão e outra de céu.
                Num circo.

Meu pai me fez presente
de uma esfera.
A que faço rolar sob os pés.
                Num circo.

Hábito de circunavegação
e de circunferência.
Um jogo de iludir distâncias
entre mil e uma noites e cir-
                cunstâncias.
Não mais rodar o globo azul-
turquesa sobre a mesa.
Mas arte de circular sobre
                a esfera.

E de ganhar meu pão.
                Num circo.

2
Há vozes de sereias, nomes
de piratas em meu corpo.
O planeta me puxa o braço
pela manga da blusa tinta.
Pra leste e pra oeste; e não
me dá o direito de opção.
Uma enorme mão escrita
              (tatuada)
com dizeres pictográficos
me empalma no M
              da palma.
E eu faço rolar, num circo,
              a esfera
de que meu pai me fez presente.

A trepidação que sacode
as vidraças e o solo
me quebra a alma "in vitro".
Como dentro de um círculo.
A todo instante o céu se apaga
num curto-circuito.
No mundo que me circunscreve
e me circunda, enorme e breve.
              Num circo.

Nas horas difíceis a música
          se cala.
Num jogo de metais repentinos
e instrumentos de sopro.
E por que cada queda,
          que sofro,
é uma festa para os meninos?

3
No teto de meu circo
vão aparecendo estrelas.
Será meu pai que se compraz
em acendê-las?
Pura ilusão da noite ótica.
          Buracos,
na lona circular, des/
          azul.
Nem Circe poderá iludir-se.

Mas eu, com pés de talco,
novo a esfera sob os pés.

De circunlóquio em circunló-
             quio.
De revés em revés.
              No circo.

4
Aumentam no céu as estrelas...
              Estrelas?
Nem Circe poderá iludir-se.

CAVALO NO JARDIM

1
Uma silhueta branca branca
de um cavalo de Tróia.
Entre a papoula, o girassol
        e o jasmim.
Quase oculto. A metade do corpo.
Só as patas, só o queixo
        mastigando relva.
Uma cintilação de meia-lua
        crua, num casco.
E um surdo coice quase
        em forma de foice.
Coisa tão bruta
que não faz nascer nenhuma
            fonte

2
Sabe-se que é um cavalo
        branco
no jardim, mais nada.
        Não se sabe como.

Mas ninguém pense
que a cidade grande
é um cavalo de vidro
deitado na relva.

GOG & MAGOG

"Si vis me fiere, dolendum est primus
ipsi tibi."
HORÁCIO

A José Guilherme Merquior

1
Vou passar a fronteira
entre oeste e leste mas o monstro
                (de vidro)
invisível impede o irmão
de ir abraçar o irmão sob o arco-íris.

2
Magog pergunta a Og:
por que, no teu laboratório
                feérico
                hemisférico
não paras de fabricar abismos?
Og responde: se quiseres
que eu pare, pára tu primeiro.
Então serei teu companheiro.

Mas por mais que Magog interrogue
a Og e Og interrogue a Magog
algo os impede
de mútua confiança, de esperança.

É que o monstro de vidro
lhes suprime a opção entre antes
e depois, e se coloca,
irremovível, entre os dois.

3
Reúnem-se dois numa mesa
                     de jogo.
A coexistência é azul
como um buquê de hortênsia,
                     sobre a mesa.
Mas o monstro de vidro, o Ninguém,
o Não-Objeto,
com a sua cauda invidrosível,
                     se interpõe
entre ambos, secreto.

E porque os naipes são de fogo,
a cartada se faz sem objeto.
E ambos vão dormir, de novo,
com um suicídio obrigatório
                     no corpo.

4
Onde está o monstro, que é de vidro
e, portanto, invisível, presente
mas simultaneamente ausente?

Na floresta que é, também,
            de vidro.
Na cidade dos mútuos espelhos.

O seu nome: Ninguém.
Como o crismou o rei da Ítaca,
            (ao seu tempo).
Mas hoje: "Não-Objeto".

É de vidro, mas não-objeto.
Não objeto, que por + concreto.
   + secreto = não objeto.

5
Que adianta o meu objetivo,
            a minha
objetiva de repórter,
se o meu objetivo é um não-objeto?
Se o que projeto, o mais concreto,
fica um objetivo sem objeto?

O Não-Objeto,
invisível, separa o irmão do irmão.
E muda a significação
                das palavras
e dos gestos, através do vidro.
E amplia a configuração
                das coisas
em seu vidro de aumento.

Para que Gog irrogue a culpa
a Magog e Magog a irrogue a Og
em áspero atrito
de sílabas entre os dois
por um não querer fazer antes
o que o outro não quer fazer
                depois.

Não-Objeto já agora abjeto
nele mora a não-arte, o não-evento,
o não-tigre, porém, mais feroz
que um tigre espetáculo de ouro
                para a minha (m) lira.

A idéia de o matar resultará
num projeto por falta de objeto.
Num não-tigre que resultará salvo,
por falta de alvo.

6
O herói homérico matou
a hidra de sete cabeças num
                    relâmpago.
Belerofonte matou a Quimera
que lhe escapava à dimensão
                    do olho.
Teseu caçou o Minotauro ao dédalo
(touro áureo).
Quixote desbaratou os seus moinhos
                    de vento.
Jim Hull, montado no seu Boiazul,
saiu à caça do Acontecimento
que nunca está onde a polícia
o situa e institui (anacoluto).
Titov, em seu Vostok,
dá 17 voltas na órbita
                    da Terra,
vencendo o "poético" absoluto.

Como irei eu — olho de vidro —
caçar o monstro, que é — também —
            de vidro
na floresta — também — de vidro?

7
Minhas 7 razões pra não chorar
            (antiSamaritanas)
cercam-me na paisagem torta.
Exigem que eu lhes mostre
a minha pálpebra, o nervo ótico.
Os 7 cegos
da Babilônia me interrogam
sob a ogiva de um céu gótico.

Já perdido na selva de vidro
em busca do monstro de vidro
ved'io scritto al sommo d'una porta,
mas em "silk-screen"
queste parole de colore oscuro:

"A MORTE É HOJE DIFERENTE
DA QUE COMETEU CAIM. O FRATRICIDA
JÁ NÃO MATA, APENAS, SEU IRMÃO.
AQUELE QUE MATAR PRIMEIRO MATA-SE
A SI PRÓPRIO, AUTOMATICAMENTE"

8
E lembro-me de que Magog
não queria parar a sua fábrica
                    (de abismos)
sem que primeiro Og
                    parasse a sua.

Agora, a dialética é a mesma.
Como escolher, entre Magog e Og,
quem jogue a primeira pedra
se, automaticamente, o homicida
é um suicida?

Se Og já é o fim de Magog, até
na última sílaba?
Se o começo já será o fim?
Se por mais que Magog dialogue
com Og ou que Og dialogue com
                    Magog,
quem o Abel? quem o Caim?
Na manhã desestreladalva
só a certeza de que nenhum
                    dos dois
se salvará é que nos salva.

9
Só assim, na entre-es (p) fera,
e porque Og não quer que Magog
vá primeiro à Lua
nem Magog quer que Og o faça
                    antes dele,
os dois farão a viagem, juntos.

E antes que Og afogue o mundo
em fogo ou que Magog em fogo
o mundo afogue,   a Lua
os pacificará, com
        a sua alvura, o seu pudor
de flor, o seu dom
                poético-magnético
(mediadora única e mediúnica).

E o monstro de vidro, o Não-
                        Objeto,
morrerá por falta
                  de objeto.

E para gáudio das crianças:

a u t o m a t i c a m e n t e.

GAGARIN

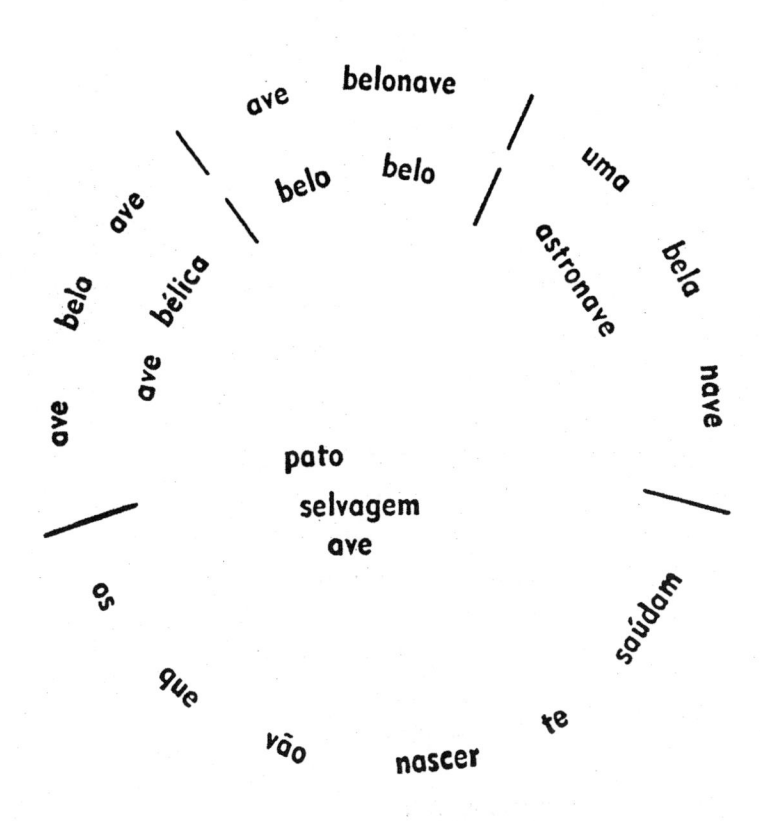

belonave
ave
belo belo
uma
bela ave
astronave
ave bélica bela
ave nave
ave bela
pato
selvagem
ave
os saúdam
que te
vão nascer

MARICONGA

Na surna da caapunga
a banga da mariconga

iunga
           lugubremente.

Só a interrompe
           o trilo
finíssimo e trêmulo
de um grilo

que é uma gota d'água
luzitrilando.

A manhã está dentro
deste fruto.
           Não a Noite.

Porém amanhece.
           E o cuco
já obsoleto,
põe a cabeça
           prafora
do tempo:

                                é hora?

E ainda canta
na linha do orvalho.

TRANSLAÇÃO

```
              a espera a esfera a espera
                                a esfera
                                 a espera
                                  a esfera
                                   a espera
                                    a esfera
                                     a espera
                                      a esfera
             a esfera a espera         a espera
                a espera    a esfera    a esfera
                 a esfera    a espera    a espera
                 ,a espera    a esfera    a esfera
                  a esfera     a espera    a espera
                  a espera      a esfera    a esfera
                  a esfera       a espera    a espera
                  a espera        a esfera    a esfera
                  a esfera         a espera    a espera
                  a espera          a esfer    a esfera
                  a esfera           a esp      a espera
                  a espera                       a esfera
                   a esfera                     a espera
                    a espera                   a esfera
                     a esfera                 a espera
                      a espera              a esfera
                       a esfera           a espera
                                        a esfera
                                a espera
                                a esfera
                                a espera
                                a esfera
                                a espera
                                a esfera
```

CATEGIRÓ

1
Santo António do Cate-
          giró
na igreja de No
    ssa Senhora do Ó
Faça com que os homens
se entendam
dentro de um mundo só.

E que gorjeiem, todos,
numa língua só.
E que cada palavra tenha
um sentido só,
        para todos.
E que todos sejam um
          só.

Só assim, boca no pó,
céu comum, chão comum,
ninguém estará só.
Dentro de um mundo só.

2
Santo
      António do Cate-
          giró
na igreja de No
    ssa Senhora do Ó
(santo preto, e só
     por ser preto)
faça da estreladalva
um amor só.

Não pela cor do rosto
mas pela do sangue
(rubra)
nas mesmas feridas, ro-
sas feridas.

Nem orgulho, nem dó, mas
uma coisa só.
Nem Agá Kan, nem Jó,

    mas uma coisa só. Ó
Santo Antó-
      nio do Categiró,
na igreja do Ó.

3
Canário e noitibó
cantarão juntos, mas só
quando a manhã for uma
só.

Ninguém se achará só
dentro de um mundo só.

                         Ó
Santo Antó-
    nio do Categiró.

OS SOBREVIVENTES

PRECE CÓSMICA

— que os 4
   como num teatro,
conservem a mão
      sem nenhum
     gesto

— que o vinho quente
   do coração
lhes suba à cabeça
   espessa

— que do bolso de
     cada um dos
       4
como num teatro

   voem

       pombas

(pombas
   brancas)

... e amanheça.

SABIÁ FLAUTEADOR

(Pássaro Verdadeiro)

sabiá que cantas
em oculta
        pauta
da laranjeira

    és tu mesmo
sabiá vespertino
ou alguém que toca

      flauta

em teu lugar
    pra enganar
    o menino

AS ANDORINHAS
DE ANTÔNIO NOBRE

—Nos
—fios
—ten
  sos

—da
—pauta
—de me-
  tal
—as
—an/
  do/
  ri/
  nhas
—gri-
  tam

—por
—fal/
  ta/
  de u-
  ma
—cla-
  ve
—de
—sol

ARITMÉTICA TÉTRICA

I

O azul da fuga. O azul
de que se vestiu N. Sª
em viagem para o
 Egito.
Azul-olho-triste-celeste
pra se confundir com
 azul
 terrestre.

O azul do azulão
(pássaro) e daquele que
 corre
e se esconde no azul do
 morro
(homem)
fugindo ao esquadrão da
 morte,
 ao cão pastor.

O azul de quem azula (a
 cor
 do terror)
dizendo que não voltará

mais, não.
 Senão morto.

(azul + azul = azul)

 E volta,
  morto,
  50 vezes morto,

   o corpo varado
 por 50 balas.

II

50 balas
numa só morte, sub-
                reptícia
(homem)   (azulão)
 50 balas
  cada uma o preço
  de um pão
(homem)   (azulão)

 50 balas
 pra matar um simples

                    pássaro
(homem)   (azulão)

    50 balas
    talvez porque
         a polícia
    lhe temesse a ressurrei-
                    ção
    (homem)   (azulão)

    Crença antiga, a de que
              o morto
         ressuscitaria:
         pintar-se a figura
              de um canário
                   azul-rei
         em seu caixão
    (homem)   (azulão)

              III

         50 balas
              conta exata
         pra 50 búfalos
                   em Marajó;

ou
50 tigres
    em Ceilão;
ou
50 panteras
    na África.

IV

(O cão pastor,
não a estrela
    do pastor.
Ao fim,
    50 balas
cada uma o preço
    de um pão.)

TREVO MARINHO

A Rubens Gomide

A água, agora, — ela mesma —
uma esponjosa lesma, ela mesma
dormindo sobre um fundo
                      de lodo
                      e iodo.
Ela-mesma ela-mesma ela-mesma.

Aí os peixes súbitos, abissais,
escapam ao seu olho, ao seu mapa.
Cada qual por um orifício
                      (da noite)
(ou do seu rude ofício).

O peixe trípode, os peixes
                      retilíneos,
que vivem em posição perpendi-
cular, radicular
            como plantados n'água.

Os que se engolem uns aos outros
em decepações surpreendentes.
Como entre os homens uma
            degolação de inocentes.

Jean Marie
lembra-se de sua coleção
               de baleias.
  Desde as baleias cantoras
    que hoje são em disco a quatro
      libras esterlinas
    a surpresa
  da música popular inglesa.

Desde as de Sindbad até as
          da Bíblia.
Até Moby Dick.

Figuras impressas na água
      de um dique:
        a sua
     memória.

"Não te posso chorar quanto
       devo,
     infância,

mas, quem sabe, hei de te achar.
     Um trevo
      no fundo
    do mar."

LUXO DE PEIXE

1
Dia bruxuleante, já.
O sol, último feixe
    de luz.
Entre a enxárcia e o
velame, o debuxo
      esdrúxulo
(em anil-móbile)
do pescador.

2
Nunca tanto sol
    (de escama)
que saltou da pauta
ou da flauta.

Nunca tanto salmão.
  Nunca tanto sol
      na mão.
Nunca um mar tão
    irmão.

Nunca tanto xaréu,
hipocampo, pampo,
enxameando, piscando

na xilogravura
da rede.

(Por
São Peixe Cristo)

Diante de tanto
cardume imprevisto
como haver quem se
queixe?

Nem um bruxo
explicará tanto
luxo
de peixe.

3
(Nunca Jean Marie
pescou tanta flor)

SUBSOLO

I

Este o subsolo
    onde moram
os subvivos, os
sublocatários.
  Mundo sublunar
    subsolar
    sub-reptício.

Submundo
dos dicionários
policiais.
    Subterfúgio
do suspeito
    que aí é on-
de se esconde.

Na dura orques-
    tra
dos subvivos

    lá embaixo
alguém ainda
        canta
um subsolo.

DANÇA VICIOSA

1

Sob cada máscara
  um enigma-estigma.

O tempo e o modo
da folhinha verde
    na parede

O amanhã ainda vir-
          gem, a
  flor
    da origem:

O não saber onde
o primeiro homem
 nasceu,
    Zebedeu, na Lua:
    Orfeu, na rua

2

Desde sua nudez
  paradisíaca
    uma más-
      cara após
        outra:

a folha de par-
            ra;
    a tampa da
       campa

E um perguntando
ao outro:
Você me
conhece?

MÁSCARA DE CRISTO

I

Única máscara
  de homem
   fiel a um rosto
    ainda com gosto
     de fel
      e origem.

Vera eikon.
Esta, de Cristo,
     pelo sangue
vivo
que lhe escorre
    da fronte.

Sangue ainda
    quente
imposto
  da ressurreição
   pago na fonte.

II

"*O vos omnia*",
olhai
   e vede.

LÂMPADA DO OPERÁRIO

o rosto
   do dia
numa estampa
de ouro
    alegria
e sair cedo

com gosto
   de café
   na boca
e orvalho
   na rosa

o povo
   de novo
na rua
— seu sistema
planetário
   diário.

a estrela-
   -d'alva
lâmpa-
   da na mão
do operário.

BIOGRAFIA

Cassiano Ricardo (1895-1974) é lembrado principalmente como poeta, mas é autor também de extensa obra em prosa. Além de ter sido jornalista e intelectual de bastante influência, durante os anos 30 e 40 esteve bem próximo de círculos poderosos na política brasileira. Foi longa e produtiva a carreira do poeta: mais de 20 títulos publicados, de 1915 até a década de 70. Muito mudou na literatura brasileira durante esses 60 anos. A poesia de Cassiano acompanha as mudanças: passa de versos parnasianos ao Modernismo verde-amarelo, deste vai a um lirismo triste, e daí passa às experiências de vanguarda nos anos 60. Cassiano, que se dizia seduzido por "tudo o que representa uma contribuição nova para o poema", buscou sempre a companhia dos jovens e a muitos emprestou apoio.

Como jornalista, Cassiano participou de várias publicações culturais: *Novíssima* nos anos 20, *Planalto* nos anos 40, *Invenção* nos anos 60. Sob sua direção, *A Manhã* publicava um suplemento literário semanal, "Autores e Livros", que até hoje é uma fonte útil para pesquisas.

O trabalho de Cassiano à frente de *A Manhã* nos leva a suas posições políticas. Durante o Estado Novo, esse jornal era parte das Empresas Incorporadas do Patrimônio da União; estava, assim, subordinado ao governo Vargas. Entre as responsabilidades do diretor, encontrava-se a de escrever editoriais sobre a política governamental. Não só durante esses anos, mas ao longo de sua carreira, Cassiano dedicou boa parte de sua obra em prosa a temas políticos. Sempre foi coerente na defesa de um governo forte para o Brasil.

BIBLIOGRAFIA

Poesia

Livros
Dentro da Noite. São Paulo: Grobel, 1915.
A Frauta de Pan. s.l.p.: s.e., s.d.
O Jardim das Hespérides. São Paulo: Casa Editora O Livro, 1920.
Borrões de Verde e Amarello. São Paulo: Editorial Helios/ Novíssima Editora, 1925.
Atalanta (A Mentirosa de Olhos Verdes). São Paulo: Casa Mayença, 1923.
A Mentirosa dos Olhos Verdes. 2. ed. São Paulo: Editorial Helios, 1926.
Canções da Minha Ternura. São Paulo: Companhia Editora Nacional, 1930.
... deixa estar, jacaré. São Paulo: Revista dos Tribunais, 1931.
Vamos Caçar Papagaios. São Paulo: Revista dos Tribunais, 1933.
Martim Cererê. São Paulo: São Paulo — Editora Ltda., 1928. Edição crítica: Rio de Janeiro: Edições Antares, 1987. Eds. Marlene Gomes Mendes, Deila Conceição Pires e Jayro José Xavier.
O Sangue das Horas. Rio de Janeiro: José Olympio, 1943.
Poesias Completas. São Paulo: Companhia Editora Nacional, 1947. v. 1: *Vamos Caçar Papagaios* (1928-1940).

Organiza os poemas por meio dos seguintes subtítulos:"A Frauta de Pã","A Mentirosa de Olhos Verdes", "Borrões de Verde Amarelo", "Deixa Estar, Jacaré"e "O Sangue das Horas". v. 3: *Um Dia depois do Outro* (1944-1946). Segunda edição.

Poemas Murais (1947-1948). Rio de Janeiro: José Olympio, 1950. Inclui"Musa Paradisíaca".

A Face Perdida. Rio de Janeiro: José Olympio, 1950. Inclui"O Elefante que Fugiu do Circo".

Meu Caminho até Ontem: Poemas Escolhidos. São Paulo: Saraiva, 1955. Este livro organiza os poemas, sem datá-los, por meio dos seguintes subtítulos: "A Frauta de Pã","Brasil-Menino","Um Dia depois do Outro","A Face Perdida","Sonetos de Última Hora", "Poemas Murais","O Elefante que Fugiu do Circo". Prefácio de Mário da Silva Brito.

João Torto e a Fábula (1951-1953). Rio de Janeiro: José Olympio Editora, 1956. Livro dividido em 10 partes. Destas, apenas "Eu no Barco de Ulisses"foi incluída na edição de 1957 de *Poesias Completas.*

Poesias Completas. Rio de Janeiro: José Olympio, 1957. Organiza os poemas por meio dos seguintes subtítulos: "Dentro da Noite (1915)", "A Frauta de Pã (1917)", "Vamos Caçar Papagaios (1926)", "Martim Cererê (1928)", "O Sangue das Horas (1940)","Um Dia depois do Outro (1947)", "A Face Perdida (1950)", "O Elefante que Fugiu do Circo (1950)", "Poemas Murais (1951)", "Musa Paradisíaca (1950)", "Eu no Barco de Ulisses (1953)" e "O Arranha-céu de Vidro (1954)". Prefácio de Tristão de Athayde.

Montanha Russa e Mais. São Paulo: Cultrix, 1960. Prefácio de Mário da Silva Brito.

A Difícil Manhã. Rio de Janeiro: Livros de Portugal, 1960. Prefácio de Lêdo Ivo.
Jeremias Sem-Chorar. Rio de Janeiro: José Olympio, 1964. Segunda edição, revista: 1968, com "Notas Didáticas" de Oswaldino Marques.
Os Sobreviventes: Acompanhados de um Poema Circunstancial e de uma Tradução. Rio de Janeiro: José Olympio, 1971. Prefácio de Eduardo Portella.

Antologias
Antologia Poética. Rio de Janeiro: Editora do Autor, 1964. Organizada por Rubem Braga.
Poemas Escolhidos. São Paulo: Cultrix, 1965. Organiza os poemas por meio dos seguintes subtítulos: "Iara, a Mulher Verde", "Jornal Lírico", "A Triste Figura", "Canto Incivil", "O Elefante que Fugiu do Circo", "Estar e não Estar", "O Urso Automático", "Gog e Magog", "Plebiscito". Introdução de Mário Chamie.
Seleta em Prosa e Verso. Rio de Janeiro: José Olympio/ Instituto Nacional do Livro, 1972. Organização, estudos e notas de Nelly Novaes Coelho.

Versões para Outras Línguas:
BERNAL, Emilia, trad. *Martim Cererê*. Madri: Ediciones Cultura Hispánica, 1953.
KOVADLOFF, Santiago. *La difícil mañana y otros poemas: Antología bilingüe*. Buenos Aires: Calicanto Editorial S.R.L., 1979.
SOLOGUREN, Javier. *Cassiano Ricardo: Poemas*. Lima, Peru: Centro de Estudios Brasileños, 1979.
——. *Tres modernistas brasileños: Mario/ Oswald/ Cassiano*. Lima, Peru: Centro de Estudios Brasileños, 1977.

Prosa de Cassiano Ricardo

O Curupira e o Carão, com Plínio Salgado e Menotti del Picchia. São Paulo: Editorial Hélios, 1927.
O Brasil no Original. 2. ed. São Paulo: Coleção Cultural da Bandeira, 1937.
A Academia e a Poesia Moderna. São Paulo: E. G. "Revista dos Tribunais", 1939.
Marcha para Oeste: A Influência da Bandeira na Formação Social e Política do Brasil. Coleção Documentos Brasileiros, 25. Rio de Janeiro: José Olympio, 1940. 2. ed., 1942. 3. ed. Rio de Janeiro: José Olympio, 1959.
Pequeno Ensaio de Bandeirologia. Rio de Janeiro: Ministério da Educação e Cultura/ Serviço de Documentação, 1956.
A Poesia na Técnica do Romance. Rio de Janeiro: Ministério da Educação e Cultura/ Serviço de Documentação, 1953.
O Tratado de Petrópolis. Rio de Janeiro, Ministério das Relações Exteriores, 1954.
"Gonçalves Dias e o Indianismo." In: *A Literatura no Brasil*. Ed. Afrânio Coutinho. Rio de Janeiro: Editorial Sul-Americana. v. 1, p. 659-742.
O Homem Cordial: E Outros Pequenos Estudos Brasileiros. Rio de Janeiro: Ministério da Educação e Cultura/ Instituto Nacional do Livro, 1959.
22 e a Poesia de Hoje. [Brasil]: Ministério da Educação e Cultura/ Serviço de Documentação, 1964.
Algumas Reflexões sobre Poética de Vanguarda. Rio de Janeiro: José Olympio, 1964.
A Floresta e a Agricultura em nossa Expansão Geográfica. Rio de Janeiro: Ministério da Agricultura/Serviço de Informação Agrícola, 1964.

O Indianismo de Gonçalves Dias. São Paulo: Conselho Estadual de Cultura, 1964. Revisão de "Gonçalves Dias e o Indianismo".
Poesia Praxis e 22. Rio de Janeiro: José Olympio, 1966.
Viagem no Tempo e no Espaço: Memórias. Rio de Janeiro: José Olympio, 1970.
Invenção de Orfeu: e Outros Pequenos Estudos sobre Poesia. São Paulo: Conselho Estadual de Cultura, 1974.
Sabiá e Sintaxe: e Outros Pequenos Estudos sobre Poesia. São Paulo: Conselho Estadual de Cultura, 1974.

Versões para Outras Línguas:
MORSE, Richard, ed. *The Bandeirantes: The Historical Role of the Brazilian Pathfinders*. New York: Alfred A. Knopf, 1965, p. 191-211.

ÍNDICE

Surpresas de um Poeta 7

DENTRO DA NOITE

Iara, a Mulher Verde 25

A FRAUTA DE PÃ

Elegia Rústica 29

VAMOS CAÇAR PAPAGAIOS

Manhã de Caça 33
O Canto da Juriti 36
Deixa Estar, Jacaré 37
A Onça-Preta 38

MARTIM-CERERÊ

Relâmpago 41
A Primeira Pergunta 42
Lua Cheia 43
O Gigante Nº 6 44
Café Expresso 49

O SANGUE DAS HORAS

Arco-Íris	55
Compromisso	56

UM DIA DEPOIS DO OUTRO

Meio-Dia	61
As Sempre-Vivas	63
Viagem sobre o Espelho	66
A Orquídea	69
Serenata Sintética	70
A Flauta que me Roubaram	71
Pigmalião	73
Cantiga sem Regresso	75
Ficam-me as Penas	77
O Acusado	78
O Anjo Engraxate	80
Sonata Patética	83

A FACE PERDIDA

Ressentido	95
Atribulação	97
A Mosca Azul (ou Dourada?)	99
A Hora Certa	104
A Metamorfose	106
Ciente	108
A Sétima Queda	113
A Ilha de Fogo	115

Estação de Cura 116
Testamento 117
O Galo das Cinco Horas 118

O ELEFANTE QUE FUGIU DO CIRCO

O Elefante que Fugiu do Circo 121

POEMAS MURAIS

A Ordem da Rosa 133
A Notícia de Hoje 135
Plano Inclinado 136
Mostrador 137

EU NO BARCO DE ULISSES (RAPSÓDIA EM 10 FRAGMENTOS)

Eu no Barco de Ulisses 141

O ARRANHA-CÉU DE VIDRO

O Arranha-céu de Vidro 165
O Cacto 168
Poema Explicativo 171
A Degolação dos Inocentes 176

MONTANHA RUSSA

Montanha Russa 179
Parque de Diversões 181

293

A Vida é Ventríloqua	183
Balada nº 1, para Veneza	185
Estar, ou não Estar	186
A Física do Susto	188
Um Grande Anjo Chim	189
Mazepa	192
O Cão e o Cachorro	194
O Boi de Jim Hull	196
Festa no Morro (Pantomima)	201

A DIFÍCIL MANHÃ

A Difícil Manhã	213
Troféu	215
A Medusa de Fogo	217
Ode (P)Fluvial	219
Silvana	221
Mafaguifo	223
Depois de Tudo	225
Poema Anti-Cor-de-Rosa	226
Epitáfio	228
Desenho Rupestre	230
Campanário de São José	231
Serenata Sintética (1947)	232
Rosácea	233
Lua – 1830	234

JEREMIAS SEM-CHORAR

7 Razões para não Chorar	237
Pássaro no Chapéu	239
Multiplicação dos Peixes	243
Pão & Circo	244
Cavalo no Jardim	248
Gog e Magog	249
Gagarin	257
Mariconga	258
Translação	260
Categiró	261

OS SOBREVIVENTES

Prece Cósmica	267
Sabiá Flauteador (Pássaro Verdadeiro)	268
As Andorinhas de Antônio Nobre	269
Aritmética Tétrica	270
Trevo Marinho	274
Luxo de Peixe	276
Subsolo	278
Dança Viciosa	279
Máscara de Cristo	281
Lâmpada do Operário	282
Biografia	283
Bibliografia	285

COLEÇÃO MELHORES CONTOS

ANÍBAL MACHADO
Seleção e prefácio de Antonio Dimas

LYGIA FAGUNDES TELLES
Seleção e prefácio de Eduardo Portella

BRENO ACCIOLY
Seleção e prefácio de Ricardo Ramos

MARQUES REBELO
Seleção e prefácio de Ary Quintella

MOACYR SCLIAR
Seleção e prefácio de Regina Zilbermann

MACHADO DE ASSIS
Seleção e prefácio de Domício Proença Filho

HERBERTO SALES
Seleção e prefácio de Judith Grossmann

RUBEM BRAGA
Seleção e prefácio de Davi Arrigucci Jr.

LIMA BARRETO
Seleção e prefácio de Francisco de Assis Barbosa

JOÃO ANTÔNIO
Seleção e prefácio de Antônio Hohlfeldt

EÇA DE QUEIRÓS
Seleção e prefácio de Herberto Sales

MÁRIO DE ANDRADE
Seleção e prefácio de Telê Ancona Lopez

LUIZ VILELA
Seleção e prefácio de Wilson Martins

J. J. VEIGA
Seleção e prefácio de J. Aderaldo Castello

JOÃO DO RIO
Seleção e prefácio de Helena Parente Cunha

IGNÁCIO DE LOYOLA BRANDÃO
Seleção e prefácio de Deonísio da Silva

LÊDO IVO
Seleção e prefácio de Afrânio Coutinho

RICARDO RAMOS
Seleção e prefácio de Bella Jozef

MARCOS REY
Seleção e prefácio de Fábio Lucas

SIMÕES LOPES NETO
Seleção e prefácio de Dionísio Toledo

HERMILO BORBA FILHO
Seleção e prefácio de Silvio Roberto de Oliveira

BERNARDO ÉLIS
Seleção e prefácio de Gilberto Mendonça Teles

AUTRAN DOURADO
Seleção e prefácio de João Luiz Lafetá

JOEL SILVEIRA
Seleção e prefácio de Lêdo Ivo

JOÃO ALPHONSUS
Seleção e prefácio de Afonso Henriques Neto

ARTUR AZEVEDO
Seleção e prefácio de Antonio Martins de Araújo

RIBEIRO COUTO
Seleção e prefácio de Alberto Venancio Filho

OSMAN LINS
Seleção e prefácio de Sandra Nitrini

ORÍGENES LESSA
Seleção e prefácio de Glória Pondé

DOMINGOS PELLEGRINI
Seleção e prefácio de Miguel Sanches Neto

CAIO FERNANDO ABREU
Seleção e prefácio de Marcelo Secron Bessa

EDLA VAN STEEN
Seleção e prefácio de Antonio Carlos Secchin

FAUSTO WOLFF
Seleção e prefácio de André Seffrin

AURÉLIO BUARQUE DE HOLANDA
Seleção e prefácio de Luciano Rosa

ALUÍSIO AZEVEDO*
Seleção e prefácio de Ubiratan Machado

ARY QUINTELLA*
Seleção e prefácio de Mônica Rector

PRELO*

COLEÇÃO MELHORES POEMAS

CASTRO ALVES
Seleção e prefácio de Lêdo Ivo

LÊDO IVO
Seleção e prefácio de Sergio Alves Peixoto

FERREIRA GULLAR
Seleção e prefácio de Alfredo Bosi

MARIO QUINTANA
Seleção e prefácio de Fausto Cunha

CARLOS PENA FILHO
Seleção e prefácio de Edilberto Coutinho

TOMÁS ANTÔNIO GONZAGA
Seleção e prefácio de Alexandre Eulalio

MANUEL BANDEIRA
Seleção e prefácio de Francisco de Assis Barbosa

CECÍLIA MEIRELES
Seleção e prefácio de Maria Fernanda

CARLOS NEJAR
Seleção e prefácio de Léo Gilson Ribeiro

LUÍS DE CAMÕES
Seleção e prefácio de Leodegário A. de Azevedo Filho

GREGÓRIO DE MATOS
Seleção e prefácio de Darcy Damasceno

ÁLVARES DE AZEVEDO
Seleção e prefácio de Antonio Candido

MÁRIO FAUSTINO
Seleção e prefácio de Benedito Nunes

ALPHONSUS DE GUIMARAENS
Seleção e prefácio de Alphonsus de Guimaraens Filho

OLAVO BILAC
Seleção e prefácio de Marisa Lajolo

JOÃO CABRAL DE MELO NETO
Seleção e prefácio de Antonio Carlos Secchin

FERNANDO PESSOA
Seleção e prefácio de Teresa Rita Lopes

AUGUSTO DOS ANJOS
Seleção e prefácio de José Paulo Paes

BOCAGE
Seleção e prefácio de Cleonice Berardinelli

MÁRIO DE ANDRADE
Seleção e prefácio de Gilda de Mello e Souza

PAULO MENDES CAMPOS
Seleção e prefácio de Guilhermino César

LUÍS DELFINO
Seleção e prefácio de Lauro Junkes

GONÇALVES DIAS
Seleção e prefácio de José Carlos Garbuglio

AFFONSO ROMANO DE SANT'ANNA
Seleção e prefácio de Donaldo Schüler

HAROLDO DE CAMPOS
Seleção e prefácio de Inês Oseki-Dépré

GILBERTO MENDONÇA TELES
Seleção e prefácio de Luiz Busatto

GUILHERME DE ALMEIDA
Seleção e prefácio de Carlos Vogt

JORGE DE LIMA
Seleção e prefácio de Gilberto Mendonça Teles

CASIMIRO DE ABREU
Seleção e prefácio de Rubem Braga

MURILO MENDES
Seleção e prefácio de Luciana Stegagno Picchio

PAULO LEMINSKI
Seleção e prefácio de Fred Góes e Álvaro Marins

RAIMUNDO CORREIA
Seleção e prefácio de Telenia Hill

CRUZ E SOUSA
Seleção e prefácio de Flávio Aguiar

DANTE MILANO
Seleção e prefácio de Ivan Junqueira

JOSÉ PAULO PAES
Seleção e prefácio de Davi Arrigucci Jr.

CLÁUDIO MANUEL DA COSTA
Seleção e prefácio de Francisco Iglésias

MACHADO DE ASSIS
Seleção e prefácio de Alexei Bueno

HENRIQUETA LISBOA
Seleção e prefácio de Fábio Lucas

AUGUSTO MEYER
Seleção e prefácio de Tania Franco Carvalhal

RIBEIRO COUTO
Seleção e prefácio de José Almino

RAUL DE LEONI
Seleção e prefácio de Pedro Lyra

ALVARENGA PEIXOTO
Seleção e prefácio de Antonio Arnoni Prado

CASSIANO RICARDO
Seleção e prefácio de Luiza Franco Moreira

BUENO DE RIVERA
Seleção e prefácio de Affonso Romano de Sant'Anna

IVAN JUNQUEIRA
Seleção e prefácio de Ricardo Thomé

CORA CORALINA
Seleção e prefácio de Darcy França Denófrio

ANTERO DE QUENTAL
Seleção e prefácio de Benjamin Abdalla Junior

NAURO MACHADO
Seleção e prefácio de Hildeberto Barbosa Filho

FAGUNDES VARELA
Seleção e prefácio de Antonio Carlos Secchin

CESÁRIO VERDE
Seleção e prefácio de Leyla Perrone-Moisés

FLORBELA ESPANCA
Seleção e prefácio de Zina Bellodi

VICENTE DE CARVALHO
Seleção e prefácio de Cláudio Murilo Leal

PATATIVA DO ASSARÉ
Seleção e prefácio de Cláudio Portella

ALBERTO DA COSTA E SILVA
Seleção e prefácio de André Seffrin

ALBERTO DE OLIVEIRA
Seleção e prefácio de Sânzio de Azevedo

ALPHONSUS DE GUIMARAENS FILHO*
Seleção e prefácio de Afonso Henriques Neto

ARMANDO FREITAS FILHO*
Seleção e prefácio de Heloísa Buarque de Hollanda

ÁLVARO ALVES DE FARIA*
Seleção e prefácio de Carlos Felipe Moisés

MÁRIO DE SÁ-CARNEIRO*
Seleção e prefácio de Lucila Nogueira

SOUSÂNDRADE*
Seleção e prefácio de Adriano Espínola

LUIZ DE MIRANDA*
Seleção e prefácio de Regina Zilbermann

WALMYR AYALA*
Seleção e prefácio de Marco Lucchesi

PRELO*

COLEÇÃO MELHORES CRÔNICAS

MACHADO DE ASSIS
Seleção e prefácio de Salete de Almeida Cara

JOSÉ DE ALENCAR
Seleção e prefácio de João Roberto Faria

MANUEL BANDEIRA
Seleção e prefácio de Eduardo Coelho

AFFONSO ROMANO DE SANT'ANNA
Seleção e prefácio de Letícia Malard

JOSÉ CASTELLO
Seleção e prefácio de Leyla Perrone-Moisés

MARQUES REBELO
Seleção e prefácio de Renato Cordeiro Gomes

CECÍLIA MEIRELES
Seleção e prefácio de Leodegário Azevedo Filho

LÊDO IVO
Seleção e prefácio de Gilberto Mendonça Teles

IGNÁCIO DE LOYOLA BRANDÃO
Seleção e prefácio de Cecilia Almeida Salles

MOACYR SCLIAR
Seleção e prefácio de Luís Augusto Fischer

ZUENIR VENTURA
Seleção e prefácio de José Carlos de Azeredo

RACHEL DE QUEIROZ
Seleção e prefácio de Heloisa Buarque de Hollanda

FERREIRA GULLAR
Seleção e prefácio de Augusto Sérgio Bastos

LIMA BARRETO
Seleção e prefácio de Beatriz Resende

OLAVO BILAC
Seleção e prefácio de Ubiratan Machado

ROBERTO DRUMMOND
Seleção e prefácio de Carlos Herculano Lopes

SÉRGIO MILLIET
Seleção e prefácio de Regina Campos

IVAN ANGELO
Seleção e prefácio de Humberto Werneck

ODYLO COSTA FILHO*
Seleção e prefácio de Cecília Costa

JOÃO DO RIO*
Seleção e prefácio de Fred Góes e Luís Edmundo Bouças Coutinho

FRANÇA JÚNIOR*
Seleção e prefácio de Fernando Resende

MARCOS REY*
Seleção e prefácio de Sílvia Borelli

ARTUR AZEVEDO*
Seleção e prefácio de Antonio Martins Araújo

COELHO NETO*
Seleção e prefácio de Ubiratan Machado

GUSTAVO CORÇÃO*
Seleção e prefácio de Luiz Paulo Horta

RODOLDO KONDER*

PRELO*